श्रीकान्त वर्मा

प्रतिनिधि कविताएँ

सम्पादक

विश्वनाथ प्रसाद तिवारी

राजकमल पेपरबैक्स

राजकमल पेपरबैक्स में
पहला संस्करण : 1986
आठवाँ संस्करण : 2024

राजकमल पेपरबैक्स : उत्कृष्ट साहित्य के जनसुलभ संस्करण

राजकमल प्रकाशन प्रा.लि.
1-बी, नेताजी सुभाष मार्ग, दरियागंज
नई दिल्ली-110 002
द्वारा प्रकाशित

शाखाएँ : अशोक राजपथ, साइंस कॉलेज के सामने, पटना-800 006
पहली मंजिल, दरबारी बिल्डिंग, महात्मा गांधी मार्ग, प्रयागराज-211 001
1, अनमोल सोराबजी संतुक लेन, धोबी तलाव, मरीन लाइंस, मुम्बई-400 002

वेबसाइट : www.rajkamalprakashan.com
ई-मेल : info@rajkamalprakashan.com

विकास कंप्यूटर एंड प्रिंटर्स
ट्रॉनिका सिटी-201 102
द्वारा मुद्रित

मूल्य : ₹199

PRATINIDHI KAVITAYEN
Representative Poems by Shrikant Verma

ISBN : 978-81-7178-583-4

श्रीकांत वर्मा

जन्म : 18 सितम्बर, 1931; बिलासपुर (म.प्र.) में। 1956 में नागपुर विश्वविद्यालय से हिन्दी साहित्य में एम.ए.। 1955–56 में बिलासपुर से *नई दिशा* का सम्पादन। फिर भविष्य की खोज में दिल्ली आ गए। कुछ दिनों *भारतीय श्रमिक* में उप-सम्पादक। 1958 से 62 तक दिल्ली की विशिष्ट पत्रिका *कृति* का नरेश मेहता के साथ सम्पादन। 1964 से *साप्ताहिक दिनमान* से सम्बद्ध हुए। सन् 77 में *दिनमान* से त्यागपत्र।

साहित्य के अलावा राजनीति में सक्रिय हस्तक्षेप। साठ के दशक में डॉ. राममनोहर लोहिया के सम्पर्क में आए। उनके विचार और कर्म से गहरे स्तर पर प्रभावित। डॉ. लोहिया के असामयिक निधन और समाजवादी आन्दोलन के बिखराव के बाद सन् 69 में श्रीमती इंदिरा गांधी से परिचय और कांग्रेस की राजनीति में सक्रिय भागीदारी। सन् 67 में म.प्र. से राज्यसभा के सदस्य। सन् 80 में कांग्रेस (ई.) के चुनाव अभियान का संचालन। सन् 85 में कांग्रेस पार्टी के प्रमुख महासचिव और प्रवक्ता।

प्रकाशित प्रमुख कृतियाँ : *भटका मेघ, माया दर्पण, दिनारम्भ, जलसाघर, मगध, गरुड़ किसने देखा है, प्रतिनिधि कविताएँ* (कविता-संग्रह); *झाड़ी, संवाद* (कहानी-संग्रह); *दूसरी बार* (उपन्यास); *जिरह* (आलोचना); *अपोलो का रथ* (यात्रावृत्त); *फ़ैसले का दिन* (आन्द्रेई वोज्नेसेंस्की की कविताएँ) (अनुवाद); *बीसवीं शताब्दी के अँधेरे में* (साक्षात्कार और वार्तालाप); *श्रीकांत वर्मा रचनावली* में आपकी सम्पूर्ण रचनाएँ शामिल हैं।

सम्मान : म.प्र. शासन द्वारा 'उत्सव-73' में विशिष्ट लेखन के लिए सम्मानित। *जलसाघर* के लिए *तुलसी सम्मान,* म.प्र. शासन का प्रथम *शिखर सम्मान, कुमार आशान, यूनाइटेड नेशंस इंडियन कौंसिल ऑफ़ यूथ अवार्ड, नंददुलारे वाजपेयी पुरस्कार, इंदिरा प्रियदर्शिनी सम्मान, साहित्य अकादेमी पुरस्कार* आदि से सम्मानित।

फरवरी 86 में अस्वस्थ। कैंसर के इलाज के लिए अमेरिका गए। 25 मई, 1986 को अमेरिका के स्लोन केटरिंग मेमोरियल अस्पताल में निधन।

भूमिका

श्रीकान्त वर्मा अपने समय के एक अत्यन्त सजग कवि हैं। आज का परिवेश, उसकी भयावहता, आतंक, अन्याय, शोषण, अजनबियत, उदासी तथा आज की राजनीति और उसकी त्रासदी अपने नंगे रूप में उनकी कविताओं में मौजूद है। 'माया दर्पण' और 'जलसाघर' की कविताएँ खासतौर से बीसवीं सदी की अमानवीय बर्बरता का बयान करती हैं। बीसवीं शताब्दी में मनुष्य के साथ ऐसा बहुत कुछ घटित हुआ है जो भयानक है और जो अपनी अभिव्यक्ति के लिए कवि से शब्द चाहता है। 'जलसाघर' की कविताओं में विशेष रूप से कवि ने इस शताब्दी के आतंक का चित्रण करने की कोशिश की है। इस पूरे संग्रह पर युद्ध की खौफनाक छाया मँडराती रहती है। अनेक कविताओं में इतिहास के प्रसिद्ध युद्ध-नायक किसी-न-किसी रूप में आते हैं। युद्ध और शान्ति, अन्याय और न्याय, बर्बरता और जिजीविषा का द्वन्द्व पूरे संग्रह में व्याप्त है। कहीं बगल से गोली दनाक से गुजर जाती है, कहीं चूतड़ पर बेंत पड़ती है, कहीं घोड़े हिनहिनाते हैं, कहीं घुड़सवार रौंदते हैं, कहीं हत्यारे मूछों पर ताव देते हैं, कहीं बम फूटता है, कहीं पीठ पर चाबुक गिरती है सपाऽक। यह आकस्मिक नहीं है कि 'जलसाघर' की कविताओं में 'घोड़े' बार-बार आते हैं और इतिहास प्रसिद्ध बर्बर विजेताओं का नाम लगातार गूँजता रहता है। पूरा संग्रह हत्या, लूटपाट और बलात्कार से भरा हुआ है। अशोक इस पूरे जलसाघर का वह आदमी है जो अकेला है, जो सिर झुकाये लौट रहा है, जिसके कानों में चीख गूँज रही है, जिसने शस्त्र रख दिये हैं। श्रीकान्तजी की कविताओं में इस अकेले आदमी की उपस्थिति बराबर महसूस होती रहती है। यही है वह जो यातनाएँ झेलता है, जो सारे छीन-झपट, लूट-खसोट, अन्याय-अत्याचार, दमन-शोषण और हत्या-फरेब का गवाह है। जो बेचैन है अपने दिन, अपनी रातों

के लिए। जो इजलास के सामने हलफनामा उठाने को तैयार है पर जिसके लिए न्यायालय बन्द हो चुके हैं। श्रीकान्तजी की कविता में यह आदमी बहुत अर्थवान है। यहाँ उल्लेखनीय है कि उनकी कविताओं में 'कराह', 'विलाप', 'संताप', 'चीख' जैसे शब्दों का बार-बार प्रयोग हुआ है। उनकी कविताओं के बीच-बीच में ऐसी अनेक पंक्तियाँ आती हैं जिनकी करुणा पाठक के मर्म का स्पर्श करती है। किसी की पीठ पर चाबुक पड़ती है, कोई कराहता है, लेनिन के पुतले के सामने कोई मारा जाता है, बीएफ्रा कविता के बीच चीख की तरह अटका हुआ है, बीसवीं शताब्दी का सिर चेकोस्लोवाकिया में गिरता है। नीग्रो पिट रहा है अफ्रीका में। गरज यह कि श्रीकान्त की कविता में करुणा के ऐसे अनेक चित्र आते हैं जो उनके भयानक और नारकीय लगनेवाले काव्य-संसार को मानवीय सन्दर्भ देते हैं और पाठक की संवेदना का विस्तार करते हैं।

श्रीकान्त वर्मा के पहले संग्रह—'भटका मेघ'—की कविताओं में ग्राम्य परिवेश के प्रति गहरा लगाव है। नदी, पहाड़, घाट, टीला, खँडहर, चिड़िया, आकाश, उषा, बादल, खेत, गुलाब, टेसू, बट, पीपल, सावन, पुरवाई, क्षिप्रा के तट, इन्द्रधनुष, आषाढ़ी सन्ध्या, फागुनी हवा, उदास लहर, झाड़ी-झुरमुट, बेल-काँटा, उजली-गोरी चाँदनी आदि। ग्राम्य प्रकृति के अनेक ताजा चित्र इस संग्रह की कविताओं में मौजूद हैं। बाँसों का झुरमुट, तुलसी का चौरा, सरसों का खेत, महुए के फूल, आँगन की चिड़िया, पोखर का जल, मेड़ों पर बैठे पंथी, गायों की खड़पड़, सूखी-दरकी धरती, मैली सन्ध्या, उजड़ी खपरैलें आदि। ग्रामीण शब्दावली का प्रचुर प्रयोग इन कविताओं में हुआ है। बँसवट, हाँक, कोस, पाहुन, नदिया, संझा, तलैया, रोपना, बाट, कुँइया, गुँइया, डाँगर आदि। मगर 'भटका मेघ' संग्रह में जो आत्मीयता, कोमलता, लोक सम्पृक्ति और एक खास हद तक जो रोमानी अन्दाज़ दिखायी पड़ता है वह परवर्ती संग्रहों में नहीं है। पहले संग्रह में जो ग्राम्य और कस्बाई परिवेश था वह बाद के संग्रहों में महानगरीय हो गया है—अत्यन्त जटिल, व्यापक, क्रूर और निर्मम। आज की इस अमानवीय भयावहता में पूरा ग्लोब घूमने लगता है—वियतनाम, चेकोस्लोवाकिया, क्रेमलिन, अमेरिका, चीन, हिरोशिमा, पेरिस, यूनान, ढाका, बीयफ्रा, खैबर, समरकन्द आदि। लेनिन, स्तालिन, बेरिया, लिंकन, गोएवल्स, कन्फ्यूशश, क्लाडइथरली, गोडसे, अशोक आदि कितने नामी-बदनामी इतिहास-पुरुष इन कविताओं में अभिनय करने लगते हैं। इन कविताओं

में एक मध्यवर्गीय व्यक्ति का सारा व्यक्तित्व उजागर है। मोहभंग है, गुस्सा है, विद्रोह है, घृणा है, क्षोभ है, छटपटाहट है तथा साथ ही निर्मम प्रहार भी। अधिकांश कविताओं में कवि का रुख आक्रामक है। वह निर्ममता से व्यंग्य करता है।

कविता साहित्य की वह विधा है जिसमें कम-से-कम शब्द खर्च किये जाते हैं और अधिक-से-अधिक संकेतों से काम लिया जाता है। श्रीकान्त शब्दों का कम-से-कम प्रयोग करते हैं। सहायक क्रियाओं का प्रायः नहीं के बराबर। उनके वाक्य भागते हुए-से लगते हैं। एक शब्द से दूसरा शब्द निकलता है, एक वाक्य से दूसरा वाक्य और एक चित्र से दूसरा चित्र। जैसे कवि आज की वास्तविकता का जल्दी-से-जल्दी बयान कर जाना चाहता हो। दुनिया-भर की वास्तविकताएँ एक-दूसरे में गड्डमड्ड हो जाती हैं। कभी-कभी स्वप्न संसार-जैसा प्रतीत होने लगता है जिसमें बहुत सारे असम्बद्ध चित्र अचानक जुड़ने लगते हैं। शायद इसके द्वारा कवि अपने चारों ओर की अव्यवस्था को व्यक्त करना चाहता है। चित्रात्मकता श्रीकान्त की कविता की एक विशेषता है। वे देखे हुए चित्रों को कभी व्यंग्यपूर्ण, कभी विडम्बनापूर्ण और कभी नाटकीय बनाकर रखते चलते हैं। श्रीकान्त अपनी कविता में बातचीत और सम्बोधन का लहजा पकड़ते हैं। कहीं-कहीं वे शब्दों के साथ खिलवाड़ भी करते दीखते हैं। कुछ कविताओं में तुकबाजी भी खूब है। 'दिनारम्भ' की कविताएँ प्रायः छोटी कविताएं हैं। इनमें सघनता है। इनके छोटे-छोटे बिम्ब एक व्यापक अनुभव-जगत को समेटने और खोलनेवाले हैं। श्रीकान्त की छोटी कविताओं में जो ऐन्द्रिकता और चित्रात्मकता मिलती है वह उनके पाठकों को राहत देती है। ऐसे पाठकों को, जो उनकी लम्बी कविताओं के आतंक और नरक से गुजर रहे होते हैं।

श्रीकान्तजी के नये काव्य संग्रह—'मगध'—की कविताओं की मनोभूमि पूर्ववर्ती संग्रहों से भिन्न है। यह शान्त, स्थिर, गम्भीर चिन्तन की मनोभूमि है। जैसे कोई काफी कुछ गँवाने के बाद आत्ममन्थन कर रहा हो। इन कविताओं में व्यंग्य है, विडम्बना है, वक्रोक्ति है, मगर तेवर आक्रामक नहीं है। ऊपर की हलचल नहीं है। गहराई की शान्ति है। क्रान्ति का हहुआता माहौल नहीं है। विनयशीलता है। इस संग्रह की कविताओं में भी अतीतकालीन इतिहास के बड़े-बड़े नाम हैं लेकिन वे केवल बहाना मात्र हैं। सच हैं केवल त्रासदियाँ और मनोवृत्तियाँ। 'काल' इन कविताओं में एक बड़ी चुनौती की तरह कवि के सामने है। कवि इतिहास के मशहूर नामों को

स्मरण करता हुआ उनकी नश्वरता को, उनकी निस्सारता को पहचानता है। वस्तुतः श्रीकान्तजी कविता की रूढ़ियों को निरन्तर तोड़ते रहे हैं। उनके हर संग्रह की कविताएँ नयी जमीन और नये स्वाद की कविताएँ हैं। उनके हर संग्रह में एक ताजगी मिलती है जो पाठक को किंचित चौंकाती भी है।

श्रीकान्तजी की ये कविताएँ उनके सभी प्रकाशित संग्रहों—भटका मेघ (1957), दिनारम्भ (1967), मायादर्पण (1967), जलसाघर (1973) और मगध (1984) से चुनी गयी हैं। 'मगध' संग्रह को छोड़कर और किसी संग्रह की कविताओं के साथ उनका रचनाकाल नहीं छपा है। अतः 'मगध' संग्रह के अतिरिक्त अन्य संग्रहों से ली गयी कविताओं का रचनाकाल यहाँ भी नहीं दिया जा सका है। हाँ, जिस संग्रह से कविताएँ ली गयी हैं उस संग्रह का नाम कविता के अन्त में दे दिया गया है। इन कविताओं का चुनाव सम्पादक की रुचि और कवि की सहमति दोनों को मिलाकर किया गया है। आशा है पाठक इस चुनाव को पसन्द करेंगे।

विश्वनाथ प्रसाद तिवारी

क्रम

प्रतिनिधि कविताएँ

भटका मेघ

भटक गया हूँ—
मैं असाढ़ का पहला बादल !
श्वेत फूल-सी अलका की
मैं पंखुरियाँ तक छू न सका हूँ ।
किसी शाप से शप्त हुआ
दिग्भ्रमित हुआ हूँ ।
शताब्दियों के अन्तराल में घुमड़ रहा हूँ, घूम रहा हूँ ।
कालिदास ! मैं भटक गया हूँ,
मोती के कमलों पर बैठी
अलका का पथ भूल गया हूँ ।

मेरी पलकों में अलका के सपने जैसे डूब गये हैं ।
मुझमें बिजली बन आदेश तुम्हारा
अब तक कड़क रहा है ।
आँसू धुला रामगिरी काले हाथी जैसा मुझे याद है ।
लेकिन मैं निरपेक्ष नहीं, निरपेक्ष नहीं हूँ ।
मुझे मालवा के कछार से
साथ उड़ाती हुई हवाएँ
कहाँ न जाने छोड़ गयी हैं !
अगर कहीं अलका बादल बन सकती
मैं अलका बन सकता !
मुझे मालवा के कछार से
साथ उड़ाती हुई हवाएँ
उज्जयिनी में पल-भर जैसे

ठिठक गयी थीं, ठहर गयी थीं,
क्षिप्रा की वह क्षीण धार छू
सिहर गयी थीं।
मैंने अपने स्वागत में तब कितने हाथ जुड़े पाये थे।
मध्य मालवा, मध्य देश में
कितने खेत पड़े पाये थे।

कितने हलों, नागरों की तब
नोकें मेरे वक्ष गड़ी थीं।
कितनी सरिताएँ धनु की ढीली डोरी-सी क्षीण पड़ी थीं।
तालपत्र-सी धरती,
सूखी, दरकी, कब से फटी हुई थी।
माँयें मुझे निहार रही थीं, वधुएँ मुझे पुकार रही थीं,
बीज मुझे ललकार रहे थे,
ऋतुएँ मुझे गुहार रही थीं।

मैंने शैशव की
निर्दोष आँख में तब पानी देखा था।
मुझे याद आया,
मैं ऐसी ही आँखों का कभी नमक था।
अब धरती से दूर हुआ
मैं आसमान का धब्बा-भर था।

मुझे क्षमा करना कवि मेरे !
तब से अब तक भटक रहा हूँ।
अब तक वैसे हाथ जुड़ें हैं,
अब तक सूखे पेड़ खड़े हैं,
अब तक उजड़ी हैं खपरैलें,
अब तक प्यासे खेत पड़े हैं।
मैली-मैली संध्या में
झरते पलाश के पत्तों-से
धरती के सपने उजड़ रहे हैं।
मैं बादल, मेरे अन्दर कितने ही बादल घुमड़ रहे हैं।
कितने आँसू टप, टप, टप

मेरी छाती पर टपक रहे हैं।
कितने उलाहने मन में मेरे
बिजली बन लपक रहे हैं।
अन्दर-ही-अन्दर मैं
कब से फफक रहा हूँ।
मेरे मन में आग लगी है
भभक रहा हूँ।
मैं सदियों के अन्तराल में
वाष्प चक्र-सा घूम रहा हूँ।
बार-बार सूखी धरती का
रूखा मस्तक चूम रहा हूँ।
प्यास मिटा पाया कब इसकी
घुमड़ रहा हूं, घूम रहा हूँ।

जिस पृथ्वी से जन्मा
उसे भुला दूं
यह कैसे सम्भव है?
पानी की जड़ है पृथ्वी में
बादल तो केवल पल्लव है।
मुझमें अन्तर्द्वन्द्व छिड़ा है।
मुझे क्षमा करना कवि मेरे!
तुमने जो दिखलाया मैंने
उससे कुछ ज्यादा देखा है।
मैंने सदियों को मनुष्य की आँखों में घुलते देखा है।
मेरा मन भर आया है कवि,
अब न रुकूंगा।
अलका भूल चुकी मैं अब तो
इस धरती की प्यास हरूँगा।
सूखे पेड़ों, पौधों, अँकुओं की अब मौन पुकार सुनूंगा।
सुखी रहे तेरी अलका मैं
यहीं झरूँगा।
अगर मृत्यु भी मिली
मुझे तो
यहीं मरूँगा।

मुझे क्षमा करना कवि मेरे !
मैं अब अलका जा न सकूँगा ।
मुझे समय ने याद किया है
मैं खुद को बहला न सकूँगा ।
जब अँकुआये धान,
किसी कजरी में तुम मुझको पा लेना ।
मैं हूँ नहीं कृतघ्न मुझे तुम शाप न देना !
मैं असाढ़ का पहला बादल
शताब्दियों के अन्तराल में घूम रहा हूँ ।
बार-बार सूखी धरती का रूखा मस्तक चूम रहा हूँ ।

('भटका मेघ' संग्रह से)

सूर्य के लिए

गहरे अँधेरे में,
मद्धिम आलोक का
वृत्त खींचती हुई
बैठी हो तुम !

चूल्हे की राख-से
सपने सब शेष हुए ।
बच्चों की सिसकियाँ
भीतों पर चढ़ती
छिपकलियों-सी बिछल गयीं ।

बाज़ारों के सौदे-जैसे
जीवन के क्षण
तुम से स्वेद-मुद्रा ले
तौल दिये समय ने ।

बासी सब्ज़ियों-से
बासी ये क्षण ! !

दिन अगर तुम्हारे लिए
झंझट की बेल है;
रात किसी बासन पर
मली हुई राख है।
तुम पति के अंक में
वधू नहीं, वध्य हो।
साँस भी विवशता,
उच्छ्वास भी विवशता है।

बच्चे नहीं चलते हैं
चलते हैं प्रश्नचिह्न !
जीवन के प्रश्नचिह्न !
आँगन के प्रश्नचिह्न !
मगर तुम निरुत्तर हो।
ज़िन्दगी निरुत्तर है।

प्राण ! उठो, उठो, उठो।
गिरना अनिवार्य नहीं
उठना अनिवार्य है।

बच्चों की सिसकी
साँसों की प्रत्यंचा से
तीरों-सी छूटेगी।
बच्चों के नारों की
कुंजी से द्वार
नये युग के खुल जायेंगे।
बच्चों के शब्द
समय के खेतों को
हल बन जोतेंगे।
बच्चे, मैली-मैली सदियों को
आँसू से,

धो देंगे, धो देंगे।
ओ पीड़ित आत्मा !
एक और आत्मा को
कुहरे में जन्म दो—
सूर्य के लिए।

('भटका मेघ' संग्रह से)

स्वरों का समर्पण

डबडब अँधेरे में, समय की नदी में
अपने-अपने दिये सिरा दो;
शायद कोई दिया क्षितिज तक जा,
सूरज बन जाए ! !

हरसिंगार जैसे यदि चुए कहीं तारे,
अगर कहीं शीश झुका
बैठे हों मेड़ों पर
पंथी पथहारे,
अगर किसी घाटी भटकी हों छायाएँ,
अगर किसी मस्तक पर
जर्जर हों जीवन की
त्रिपथगा ऋचाएँ;

पीड़ा की यात्रा के ओ पूरब-यात्री !
अपनी यह नन्हीं-सी आस्था तिरा दो
शायद यह आस्था किसी प्रिय को
तट तक ले जाये ! !

('भटका मेघ' संग्रह से)

आभास

दूर उस अँधेरे में कुछ है, जो बजता है
शायद वह पीपल है।

वहाँ नदी-घाटों पर थक कोई सोया है
शायद वह यात्रा है

दीप बाल कोई, रतजगा यहाँ करता है
शायद वह निष्ठा है।

('भटका मेघ' संग्रह से)

मेरे मन !

मेरे मन ! सावन बन।

सरिता के कूलों पर
बहती पुरवाई-सी
सुधियाँ जब डोल जाएँ
कूप और तड़ागों में
बौरायी राधा-सी
ध्वनियाँ जब झाँक जाएँ
आषाढ़ी सन्ध्या में
नागर के गीतों-से
सपने जब तैर जाएँ,
घुमड़-घुमड़ सावन बन !
मेरे मन ! कंगन बन।

तुलसी के चौरे पर
शाम जले दीये-सी
प्रतीक्षा कुमारी हो।
चूड़ी की खनक, श्वेत
साड़ी की फिसलन की
घड़ी बड़ी प्यारी हो।
धुले हुए, खिले हुए
पौधों-से बच्चे हों,
ममता की क्यारी हो।

स्नेह की कलाई में बिछल रहा कंगन बन !
मेरे मन मधुवन बन।

गायों की खड़पड़ सुन
तालों की लहरें जब
सिहरें औ', जाग जाएँ,
नूतन उपमाओं-सी
चिड़िया जब नीड़ों से
निकल चहचहाएँ,
कच्ची पगडण्डी पर
उभरे पदचिन्हों को
किरनें जब चीन्ह जाएँ,

मेरे मन ! धूल-धूप
गन्ध रूप चन्दन बन।
वंशी की पोरों में
अँगड़ाता यौवन बन।
मेरे मन !

('भटका मेघ' संग्रह से)

पुत्र का निवेदन

माता ! मैंने तुमको सुख न दिया
पिता ! तुम्हें मैंने
सन्तोषों का मुख न दिया ।
मुझे क्षमा करना
यद्यपि मेरा दोष नहीं ।

मैंने भी प्यारे-प्यारे सपनों की
भौंहें चूमी थीं ।
मेरी भी इच्छाएँ, उपमा-सी
चमकी थीं, मेघों-सी घूमी थीं ।

मैंने भी शिकनों के पहले
अपना चेहरा
दर्पण में देखा था ।
आज व्यंग्य हूँ जिसका,
वह सपना बार-बार
बचपन में देखा था ।

मैं कृतघ्न नहीं पिता !
मुझको मत देखो
सन्देह की निगाहों से ।
मेरे असहाय प्राण अन्दर चीत्कार रहे ।
मैं कुचली कोंपल की
सिसकी-सा सिसक रहा ।
मैं खुद अपने अन्दर
काँटे-सा कसक रहा ।

मैंने तुमको सुख-सुविधा के
साधारण-से पल न दिये ।
पेट ने तुम्हारे जो प्रश्न किये
मुझसे, मैंने उनके हल न दिये ।

कफन माँगती माँ के लिए
एक साड़ी भी ला न सका।
मैं स्वयं गिरा
लेकिन माँ ! तुम्हें उठा न सका !

आँसू मत टपकाओ।
मुझको प्रत्येक बूंद
छाती पर,
पिघले लोहे-जैसी लगती है।
ऐसे मत सिसको, मत सिसको
हर सिसकी की
नोक मुझे गड़ती है।

मैं हारा नहीं पिता !
मुझको आशीर्वाद दो माता लड़ने का।
उस दिन के लिए लड़ूँ
जिस दिन जीवन न किसी भी माँ को बोझ बने।
कोई भी पिता
खण्डहर-जैसा जीवन जी, ढहने के दिन न गिने।
शैशव के सपने
ऐसे न पछाड़े जायें
पत्थर पर कपड़ों से।
आँसू मत टपकाओ
आँसू मत टपकाओ।
मुझको प्रत्येक बूँद
छाती पर
पिघले लोहे-जैसी लगती है।

स्वयं आस्था बन इस माथे का तिलक करो।

('भटका मेघ' संग्रह से)

डगमग दो पाँव कहीं

डगमग दो पाँव कहीं ।

मुँधियारे की चुप्पी वन-चिड़िया चीर गयी ।
गन्ध वायु में काँपी
पोखर के तीर गयी ।
पंखुड़ी से ओस गिरी ।
शुकवा की आँख फिरी ।

मूर्छित है छाँव कहीं ।

सरिता के बालूतट, लहरों की सन्ध्याएँ ।

घाट पर प्रतीक्षारत
यात्री हम पथराएँ ।
कूलों पर गाछ खड़े ।
शायद कल दीख पड़ें—

लहर कहीं, नाव कहीं ।

कुहरे की बाँहों में, साँझ के कनेरी बन ।

हरुआ-हरुआ बादल,
सुधियाँ उन्मन-उन्मन !
कुहरे से पथ घिरते ।
वंशी के सुर तिरते ।

डूब रहा गाँव कहीं ।
डगमग दो पाँव कहीं !

('भटका मेघ' संग्रह से)

दो चिड़ियों का गान

हम दो चिड़ियाँ, संग-संग
क्षितिजों तक उड़तीं,
या तरु की कोई दुबली पतली शाखा पर
गरदन मोड़ प्रतीक्षा करतीं
कुहरेवाली शिशिर शाम की
जब सब गान कहीं लहरों-से सिकुड़
अँधेरे में खो जाते।
हम दो चिड़ियाँ!

कभी किसी झरने में अपने पंख फुरफुरा
दूर-दूर तक उड़-उड़ जातीं···कभी किसी
चट्टान-कन्ध पर बैठ
गान गातीं, चिल्लातीं।
हम हैं वे संगीताकुल क्षण
जो सदियों के
रिक्त वक्ष में मँडलाते हैं, अकुलाते हैं।
हम दो चिड़ियाँ संग-संग
क्षितिजों तक उड़तीं।

हम उगते सूरज के आगे!
हम ढलते सूरज के पीछे!
बहुत सुबह ही
हम कुछ किरनें दबा चोंच में
संगमरमर के
कुहरा-डूबे महल-द्वार पर
धर उड़ जातीं
दूर-दूर अनजान दिशा को।

हममें धड़क रही हैं कितनी उत्कण्ठाएँ!
मगर कभी जब
पीली गर्द-भरी

पच्छिम से आँधी आती,
मँडलातीं कुछ आशंकाएँ;
तब हम किसी अन्य घाटी में जाएँ
ऐसा मन कहता है।
लेकिन फिर यह नदी, पेड़
यह क्षितिज
और ये शाख-टहनियाँ हमें बुलातीं।
आह ! इन्हें हम कैसे छोड़ें।
माना हम चिड़ियाँ हैं, लेकिन
जड़ वाली हैं।
हम जिन शाखाओं पर ऊगीं वे प्रिय हमको !
जिन जगहों ने
हमें जल दिया और धूप दी; उनकी स्मृतियाँ
पाँख-पाँख पर
उनकी ममता रुएँ-रुएँ में।
आह ! इन्हें हम कैसे छोड़ें !

अच्छा ! आने दो आँधी को।
हम आँधी के कन्धे
बैठ
उन्हीं गीतों को दुहरायेंगी,
टहनी के गाने
गायेंगी
जो आँधी में कहीं काँपती झूल रही
होगी
उसनींदी।
आने दो काले समूह को।
हम क्यों चुप हों,
हम क्यों सहमें
हम क्यों भागें !

हम अपनी टहनी को अपनी
गान भरी
छाती से छू-छूकर दुलराएँ।

हम हैं दो
निर्दोष, किशोरी, क्वाँरी चिड़ियाँ !!
आओ, मेड़ों, गढ़ों, नदी-तट
शाख-टहनियों पर
हम गायें ।

('भटका मेघ' संग्रह से)

प्रतीक्षा

दीख नहीं पड़ते हैं अश्वारोही लेकिन
सुन पड़ती है टाप;
—झेल रहा हूँ शाप ।

('दिनारम्भ' संग्रह से)

नगरनिवासी

रोज़ शाम
सड़कों पर
फटे
हुए उड़ते
सुबह के
अखबार !

('दिनारम्भ' संग्रह से)

स्व-धन

सबने देखी कच्ची, मटियायी, दूधभरी मूँगफली
किसी ने नहीं, केवल तूने ही
ओ मेरी साँवरी—तू ही बो आयी थी—
तूने ही देखा : पृथ्वी की नाक में
झूलता बुलाक-धन !

('दिनारम्भ' संग्रह से)

घास

अन्धकार कछुए-सा बैठा है पृथ्वी पर
कछुए पर बैठा है नीला आकाश—
इतने बड़े बोझ के नीचे भी
दबी नहीं, छोटी-सी घास !

('दिनारम्भ' संग्रह से)

मैं

मैं एक भागता हुआ दिन हूँ और रुकती हुई रात—
मैं नहीं जानता हूँ
मैं ढूंढ़ रहा हूँ अपनी शाम या ढूंढ़ रहा हूँ अपना प्रात !

('दिनारम्भ' संग्रह से)

दिनारम्भ

शहरों के छतों में
ह—ल—च—ल
हुई
मक्खियाँ
बैठ गयीं
मँ—ड़—रा
अपनी-अपनी
मेजों
पर।

('दिनारम्भ' संग्रह से)

प्रीति-भेंट

इतने दिनों के बाद अकस्मात मिली तो आँसुओं ने उसके उसे, मेरे मुझे भरमा दिया,
आँसू जब थमे तो मैं कुछ और था, वह कुछ और—
वह मेरी आँखों में, मैं उसकी आँखों में
ढूँढ़ रहा था शंका, अविश्वास और याचना से
ठौर!

('दिनारम्भ' संग्रह से)

माँ की आँखें

मेरी माँ की डबडब आँखें
मुझे देखती हैं यों

जलती फसलें, कटती शाखें ।
मेरी माँ की किसान आँखें !

मेरी माँ की खोयी आँखें
मुझे देखती हैं यों
शाम गिरे नगरों को
फैलाकर पाँखें ।
मेरी माँ की उदास आँखें ।

('दिनारम्भ' संग्रह से)

एक मुर्दे का बयान

मैं एक अदृश्य दुनिया में, न जाने क्या कुछ कर रहा हूँ ।
मेरे पास कुछ भी नहीं है—
न मेरी कविताएँ हैं न मेरे पाठक हैं
न मेरा अधिकार है
यहाँ तक कि मेरी सिगरेटें भी नहीं हैं ।
मैं ग़लत समय की कविताएँ लिखता हुआ
नकली सिगरेट पी रहा हूँ ।
मैं एक अदृश्य दुनिया में जी रहा हूँ
और अपने को टटोल कह सकता हूँ
दावे के साथ
मैं एक साथ ही मुर्दा भी हूँ और ऊदबिलाव भी ।
मैं एक बासी दुनिया की मिट्टी में
दबा हुआ
अपने को खोद रहा हूँ ।

मैं एक बिल्ली की शक्ल में छिपा हुआ चूहा हूँ
औरों को टोहता हुआ
अपनों से डरा हुआ बैठा हूँ

मैं अपने को टटोल कह सकता हूँ दावे के साथ
मैं ग़लत समय की कविताएँ लिखता हुआ
एक बासी दुनिया में
मर गया था ।

मैं एक कवि था । मैं एक झूठ था ।
मैं एक बीमा कम्पनी का एजेण्ट था ।
मैं एक सड़ा हुआ प्रेम था
मैं एक मिथ्या कर्त्तव्य था
मौक़ा पड़ने पर नेपोलियन था
मौक़ा पड़ने पर शहीद था ।

मैं एक ग़लत बीबी का नेपोलियन था ।
मैं एक
ग़लत जनता का शहीद था !

('दिनारम्भ' संग्रह से)

धुन्ध

चक्कर
खाकर
स-ह-सा
दुनिया के
किसी
एक कोने में
गिरता
है
आ-द-मी

दूसरे
कोने

से
उभरता
है
ल-ड़ा-का

धुँध
में
डू-बी
हुई
है
जय—
प-ता-का
सी-ना
फुलाकर
क-ह-ता
है
वह
अ-प-ने
आप
से—

मैंने
उसे
मा-रा

स-ड़-क
के
कि-ना-रे
बैठी
बू-ढ़ी
औ-र-त
क-ह-ती
है
हत्यारा

('दिनारम्भ' संग्रह से)

माया-दर्पण

देर से उठकर
छत पर सर धोती
खड़ी हुई है
देखते-ही-देखते
बड़ी हुई है
मेरी प्रतिभा
लड़ते-झगड़ते
मैं आ पहुँचा हूँ
उखड़ते-उखड़ते
भी
मैंने
रोप ही दिये पैर
बैर
मुझे लेना था
पता नहीं
कब क्या लिया था
क्या देना था !

अपना एकमात्र इस्तेमाल यही किया था—
एक सुई की तरह
अपने को
अपने परिवार से निकालकर
तुम्हारे जीर्ण जीवन को सिया था।
(दोनों हाथों में सँभाल
अपने होठों से
छुलाकर)
बहते हुए पानी में झुलाकर
अपने पाँव
मैं अनुभव कर रहा हूँ सबकुछ
बस छूकर
चला जाता है

छला जाता है
आकाश भी
सूर्य से
जो दूसरे दिन
आता नहीं है
कोई और सूर्य भेज देता है।

विजेता है
कौन
और
किसकी पराजय है—
सारा संसार अपने कामों में
फँसाये अपनी उँगलियाँ
उधेड़बुन करता है।
डरता है
मुझसे
मेरा पड़ोस।
मैं अपनी करतूतों का दरोगा हूँ।
नहीं, एक रोज़नामचा हूँ
मुझमें मेरे अपराध
हू-ब-हू कविताओं-से
दर्ज हैं।
मर्ज़ हैं
जितने
उनसे ज्यादा इलाज हैं।
मेरे पास हैं कुछ कुत्ता-दिनों की
छायाएँ
और बिल्ली-रातों के
अन्दाज़ हैं।

मैं इन दिनों और रातों का
क्या करूँ ?
मैं अपने दिनों और रातों का
क्या करूँ ?

मेरे लिए तुमसे भी बड़ा
यह सवाल है।

यह एक चाल है;
मैं हरेक के साथ
शतरंज खेल रहा हूँ
मैं अपने ऊलजलूल
एकान्त में
सारी पृथ्वी को बेल रहा हूँ।

मैं हरेक नदी के साथ
सो रहा हूँ
मैं हरेक पहाड़
ढो रहा हूँ।
मैं सुखी
हो रहा हूँ
मैं दुखी
हो रहा हूँ
मैं सुखी-दुखी होकर
दुखी-सुखी
हो रहा हूँ
मैं न जाने किस कन्दरा में
जाकर चिल्लाता हूँ : मैं
हो रहा हूँ। मैं
हो रहा हूँ ऽऽ

अनुगूंज नहीं जाती !
लपलपाती
मेरे पीछे
चली आ रही है।
चली आये।
मुझे अभी कई लड़कियों से
करना है प्रेम
मुझे अभी कई कुण्डों में
करना है स्नान

अभी कई तहख़ानों की
करनी है सैर
मेरा सारा शरीर सूख चुका
मगर साबित हैं
पैर !
मैं अपना अन्धकार, अपना सारा अन्धकार
गन्दे कपड़ों की
एक गठरी की तरह
फेंक सकता हूँ ।
मैं अपनी मार खायी हुई
पीठ
सेंक सकता हूँ
धूप में
बेटियाँ और बहुएँ
सूप में
अपनी-अपनी
आयु के
दाने
बिन
रही
हैं ।

सारे संसार की सभ्यताएँ दिन गिन रही हैं ।
क्या मैं भी दिन गिनूँ ?
अपने निरानन्द में
रेंक और भाग और लीद रहे गधे से
मैं पूछकर
आगे बढ़ जाता हूँ—
मगर ख़बरदार ! मुझे कवि मत कहो ।
मैं बकता नहीं हूँ कविताएँ
ईजाद करता हूँ
गाली
फिर उसे बुदबुदाता हूँ ।

मैं कविताएँ बकता नहीं हूँ।
मैं थकता नहीं हूँ
कोसते।
सरदी में अपनी सन्तान को
केवल अपनी
हिम्मत की रजाई में लपेटकर
पोसते
ग़रीबों के मुहल्ले से निकलकर
मैं
एक बन्द नगर के दरवाज़े पर
खड़ा हूँ।

मैं कई साल से
पता नहीं अपनी या किसकी
शर्म में
गड़ा हूँ !
तुमने मेरी शर्म नहीं देखी !
मैं मात कर
सकता हूँ
महिलाओं को।
मैं जानता हूँ
सारी दुनिया के
बनबिलावों को
हमेशा से जो बैठे हैं
ताक में
काफ़ी दिनों से मैं
अनुभव करता हूँ तकलीफ़
अपनी
नाक में।
मुझे पैदा होना था अमीर घराने में।

अमीर घराने में
पैदा होने की यह आकांक्षा

सास-साथ
बड़ी होती है।
हरेक मोड़ पर
प्रेमिका की तरह
मृत्यु
खड़ी होती है।

शरीरान्त के पहले मैं सबकुछ निचोड़कर उसको दे जाऊँगा जो भी मुझे मिलेगा। मैं यह अच्छी तरह जानता हूँ किसी के न होने से कुछ भी नहीं होता; मेरे न होने से कुछ भी नहीं हिलेगा। मेरे पास कुरसी भी नहीं जो खाली हो। मनुष्य वकील हो, नेता हो, सन्त हो, मवाली हो—किसी के न होने से कुछ भी नहीं होता।

नाटक की समाप्ति पर
आँसू मत बहाओ।
रेल की खिड़की से
हाथ मत हिलाओ।

('माया दर्पण' संग्रह से)

दिनचर्या

एक अदृश्य टाइपराइटर पर साफ़, सुथरे
काग़ज़-सा
चढ़ता हुआ दिन,
तेज़ी से छपते मकान,
घर, मनुष्य
और पूंछ हिला
गली से बाहर आता
कोई कुत्ता।

एक टाइपराइटर पृथ्वी पर
रोज़-रोज़
छापता है
दिल्ली, बम्बई, कलकत्ता ।

कहीं पर एक पेड़
अकस्मात छप
करता है सारा दिन
स्याही में
न घुलने का तप ।

कहीं पर एक स्त्री
अकस्मात उभर
करती है प्रार्थना
हे ईश्वर ! हे ईश्वर !
ढले मत उमर ।

बस के अड्डे पर
एक चाय की दुकान
दिन-भर बुदबुदाती है
'टूटी हुई बेंच पर
बैठा है
उल्लू का पट्ठा
पहलवान ।'

जलाशय पर अचानक छप जाता है
मछुए का जाल
चरकट के कोठे से
उतरती है धूप
और चढ़ता है
दलाल ।
एक चिड़चिड़ा बूढ़ा थका क्लर्क ऊबकर छपे हुए शहर को
छोड़ चला जाता है ।

('माया दर्पण' संग्रह से)

एक दिन

एक सुबह उठते ही लगता है
मेरा विश्वास
जो मेरी परछाईं की तरह
मेरे संग था
कल मुझको सोते में
छोड़कर चला गया—
मैं बूढ़ा हो गया हूँ।
छूटा जा रहा है मेरा प्रेम। मैं बिलकुल
अकेला हो जाऊंगा
क्या होगा !
किसको पुकारूँगा ?
सारा दिन कैसे गुजारूँगा ?
सोने के पहले अपने वस्त्र
क्या आईने में
अपना अकेलापन देखने के लिए
उतारूँगा ?

स्त्रियाँ जो प्रेमिका नहीं थीं न वेश्याएँ
बिस्तर पर
छाप की तरह
दूसरे सवेरे धुल जाती हैं।
केवल एक स्त्री की साड़ी की गन्ध
और चूड़ियों से
झरता हुआ दिन (या उसके साथ
पड़ा हुआ मैं
और पलग से
उतरता हुआ दिन)

एक सुबह उठते ही लगता है
वह मुझको
छोड़कर चली गयी। मैं अचानक
बूढ़ा हो गया हूँ···

क्या होगा ? कैसे गुज़ारूँगा ?
क्या मैं अपने गुज़रे जीवन को
एक काग़ज़ पर लिखी हुई
कविता की तरह
दूसरे काग़ज़ पर
उतारूँगा ?

क्या मैं यह सोचूंगा
कि यदि मैंने उस पर शासन भी
किया होता
तो वह नहीं जाती !
और क्या मैं फिर
शासन के लिए
एक शासक का चेहरा
(जिसे उसने किसी और से लिया था)
जाकर उधार लाऊँगा ?
क्या मैं एक स्त्री के लिए
नक़ली
तमंचा लिये
बिस्तर पर लूंगा
अवतार ?
क्या मैं उसी स्त्री से
फिर से
रचाऊँगा
विवाह ?

आख़िर मैं लूं भी तो किससे सलाह ?
दिन चढ़ते-चढ़ते
मैं अकेला हो जाता हूँ।
मैं हरेक रास्ते पर कुछ दूर
चलकर
पाता हूँ
यह रास्ता
ग़लत था।

मेरा विश्वास जो मेरी परछाइँ की तरह
मेरे संग था
मुझे छोड़ गया है
मैं अपनी दो टाँगों पर
टँगा हुआ
गठ्ठर हो गया
हूँ।
वह स्त्री
जो छोड़कर चली गयी
जानती थी
मैं उसके वक्ष में छिपाये हुए
मुँह
एक शुतुर्मुर्गनुमा
ठट्ठर
हो गया हूँ।
मैं क्या करूँ ?

क्या मैं छपाऊँ इश्तिहार ?
क्या मैं बन जाऊँ किसी
क्लब का सदस्य ?
क्या मैं बैठे-बैठे
करूँ सभी
परिचित-अपरिचित को फ़ोन ?
क्या मैं तमाम मूर्ख स्त्रियों से हँस-हँसकर
बात करूँ, झुक-झुक नमस्कार ?
दूसरों के बच्चों से
झूठ-मूठ प्यार ?
अपनी वर्षगाँठ पर
एक अल्प-समारोह ?
अपने प्रेम-पत्रों से घबराकर
क्या मैं करूँ
समाचारपत्रों से
मोह ?

मैं क्या करूँ ? क्या मैं जीने की कोशिश में
किसी और दुनिया में
जा मरूँ ?

('माया दर्पण' संग्रह से)

घर-धाम

मैं अब हो गया हूँ निढाल।
अर्थहीन कार्यों में
नष्ट कर दिये
मैंने
साल-पर-साल
न जाने कितने साल !
—और अब भी
मैं नहीं जान पाया
है कहाँ मेरा योग ?

मैं अब घर जाना चाहता हूँ
मैं जंगलों
पहाड़ों में
खो जाना चाहता हूँ
मैं महुए के
वन में
एक कण्डे-सा
सुलगना, गुँगुवाना,
धुँधुवाना
चाहता हूँ।

मैं जीना चाहता हूँ
और जीवन को
भासमान
करना चाहता हूं।

मैं कपास धुनना चाहता हूँ
या
फावड़ा उठाना
चाहता हूँ
या
गारे पर ईंटें
बिठाना
चाहता हूँ
या पत्थरी नदी के एक ढोंके पर
जाकर
बैठ जाना
चाहता हूँ ।

मैं जंगलों के साथ
सुगबुगाना चाहता हूँ
और
शहरों के साथ
चिलचिलाना
चाहता हूँ

मैं अब घर जाना चाहता हूँ

मैं विवाह करना चाहता हूँ
और
उसे प्यार
करना चाहता हूँ
मैं उसका पति,
उसका प्रेमी
और
उसका सर्वस्व
उसे देना चाहता हूँ
और
उसकी गोद
भरना चाहता हूँ।

मैं अपने आसपास
अपना एक लोक
रचना चाहता हूँ ।
मैं उसका पति, उसका प्रेमी
और
उसका सर्वस्व
उसे देना चाहता हूँ
और
पठार
ओढ़ लेना
चाहता हूँ ।
मैं समूचा आकाश
इस भुजा पर
ताबीज की तरह
बाँध
लेना चाहता हूँ ।

मैं महुए के वन में
एक कण्डे-सा
सुलगना, गुँगुवाना
धुँधुवाना चाहता हूँ ।
मैं अब घर
जाना चाहता हूँ ।

('माया दर्पण' संग्रह से)

नक़ली कवियों की वसुन्धरा

धन्य यह वसुन्धरा ! मुख में
इतनी सारी
नदियों का झाग,
केशों में अन्धकार !

एक अन्तहीन प्रसव-पीड़ा में
पड़ी हुई
पल-पल
मनुष्य उगल रही है,
नगर फेंक रही है,
बिलों से मनुष्य निकल रहे हैं,
दरबों से मनुष्य निकल रहे हैं···
टोकरी के नीचे छिपे
मुर्गों के मसीहा कवि
बाँग दे रहे हैं,
सुबह हुई ऽऽ
धन्य ! धन्य ! कवियों की ऐयाशी झूठ में
लिपटी
वसुन्धरा !

—वसुन्धरा ! सूजा हुआ है क्यों
उदर ?
नसें क्यों
विषाक्त हैं ?
साँसों में
सीले—जंगल—जैसी
यह कैसी
बास है ?
कवियों की झूठ में लिपटी हुई
वेश्या—माँ
अपनी सन्तानों का स्वर्ग देख रही है···

बरस रहा है अन्धकार इस कुहासे पर
भुजा पर,
मसान पर,
समुद्र पर,
दुनिया-भर के तमाम
सोये हुए
बन्दरगाहों पर

डूबती हुई अन्तिम
प्रार्थना पर
बरस रहा है
अन्धकार—
मगर वेश्याई स्वर्ग में
फोड़ों की तरह
उत्सव फूट रहे हैं ।

बरस रहा है अन्धकार !
मगर उल्लू के पट्ठे !
स्त्रियाँ-रिझाऊ कविताएँ
लिख रहे हैं ।
भेड़ियों के कोरस की तमाच्छन्न अन्ध-रात्रि !
मनुष्य के अन्दर
मनुष्य,
सदी के अन्दर
एक सदी
खो रही है—

मगर इससे क्या ! वसुन्धरा
सोये मसानों में
जागते मसान
बो रही है ।
आदमी का कोट पहन
चूहे
निर्वसन मनुष्य की
पीठ कस रहे हैं;
चुहियों के कन्धों पर
पंख
फूट रहे हैं और कण्ठ में
क्लासिक संगीत !
अन्धकार में सबके सब
बिल्लियों की तरह
लड़ रहे हैं ।

नक़ली वसन्त के
गोत्रहीन पत्ते
झड़ रहे हैं।
धन्य ! धन्य ! ओ नक़ली कवियों के वसन्त में
लिपटी वसुन्धरा !
—वसुन्धरा ! तेरे शरीर पर
झुर्रियाँ हैं
अथवा
दरार ?
होठों पर उफ़न रहा
पाप !
छटपट कर
टूट रहे
चट्टानी हाथ !
धो-धो जाता है
कौन
बार-बार आँसू से
कीचड़ में लथपथ
इस
पृथ्वी के पाँव ?
नदियों पर झुका हुआ काँपता है कौन : कवि अथवा सन्निपात ?

जिज्ञासाहीन अन्धकार में
कीचड़ की शय्या पर
स्वप्न देखती हुई
सुखी है वसुन्धरा ! मनुष्य
उगल रही है
नगर
फेंक रही है।
टोकरी के नीचे कवि बाँग दे रहे हैं।

('माया दर्पण' संग्रह से)

दिनारम्भ

एक मारवाड़ी मुनीम जमुहाई लेता हुआ
कुंजी का गुच्छा खोंसे
अपनी टेंट में
चलता चला चलता है दुकान की ओर,
बही खोल लिखता है।
श्री गणेशाय नमः, शुभ-लाभ।
जमुहाई लेकर फिर एक बार ज़ोर से
कहता है—
ॐ नमो शिवाय!

पटरी पर खड़ी एक गाय
रँभाती है
गली से एक स्त्री
हाथ में झाड़ू
सिर पर टोकरा लिये
आती है।

सड़क पर धूल, आँख में कीचड़
पेड़ पर धूप,
धोती पर दाग,
चौके में धुआँ,
अचानक हर घर में
सुबह
फट पड़ती है।
एक बिल्ली मुँडेर पर
बैठी हुई
दूसरी बिल्ली से
झगड़ती है।
दुकानें खुलती हैं।

('माया दर्पण' संग्रह से)

बापसो

तितली की तरह उड़कर लड़कियों का संसार
बैठ जाता है
कोट पर
नोट पर
हस्ताक्षर होता है
सारा दिन
ढोता है
कवि किसी और की स्त्री के वियोग में
अपने बनवास को
घास को
चरते हैं उतरते हैं
बैल
आकाश से और
चरते चले जाते हैं
डुलाते हैं
किसी और बरस पर
किसी और बरस का
पंखा—

नंगे नहा रही है
दोपहर
धँसकर तालाब में
ख्वाब में
सबकुछ
हो सकता है
सेमल चटखता है
भाँय-भाँय
दुनिया में
केवल एक बच्चा
किलकता है—

(दुःखों से लदी एक गाड़ी ग़ायब हो जाती है सीने में जाकर)
कपड़े सुखाकर
युद्ध के
मैदान
में
ध्यान
में
ढोंगी
झीने-से
जल पर
मेरी
प्रत्येक
हलचल पर
शकलें बदलकर
राज्य-सत्ताएँ
छायाएँ
बाँधकर
हरेक अर्द्धसत्य को
कहीं लिये जाती हैं—
(बूढ़ी पृथ्वी के हृदय में इच्छाएँ चुलबुलाती हैं—
गाती हैं गान
यौवन का)
धान
झुलस गया
खेत में
रेत में
रास्ता
बनाती हुई
चली जा रही है एक पतली-सी धार—
तार ! अब की बार
मैंने दिया है
नहीं जाने का
(न कोई मतलब था
आने का

न कोई मतलब है
जाने का)
दुख उठाने का
सिलसिला—
यह क़िला
भेदकर
दूसरे
क़िले
में
एक-एक ज़िले में
देश में
छाप
अपने अपमान की
तमतमा आया है सूर्य का मुख
रोष में
खींच रहा है
कोई स्नायु
आयु—
संवत्सर उछल गये हैं
लाल पत्थर पर
क्रुद्ध शार्दूल-से ।

□ □

दाह
शायद हरेक में
था
लेकिन मैंने केवल
अपना
महसूस—
मैं अपना जुलूस
खुद निकालकर
अपने पर
पत्थर

और प्रशस्तियाँ
अपने ही
अभिनय पर
परिणय पर
अपनी परिणीता के
मैं ही गवाह
ब्याह
मैंने नहीं किया

मैंने नहीं किया
वह सब
जो करना था
गोद से बिलकुल
अकेले उतरना था
(भरना था डाँड़ गुजर जाने का)
कवि, कवि होता है
(बोता है)
बोता हूँ मैं अपनी मृत्यु
एक-एक
कविता में
एक-एक
कविता में
एक-एक भंगिमा : सवेरा, सूर्यास्त
युद्ध, प्रणय
और
शोक
मृत्युलोक
का
सूर्य
मैं
अपने
और अपने
से
पहले

के
अपने
के
दाह
में—
प्रवाह
में......

('माया दर्पण' संग्रह से)

वह मेरी नियति थी

कई बार मैं उससे ऊबा
और
नहीं—जानता—हूँ—किस ओर
चला गया।

कई बार मैंने संकल्प किया।
कई बार
मैंने अपने को
विश्वास दिलाने की कोशिश की—
हममें से हरेक
सम्पूर्ण है।

कई बार मैंने निश्चय किया
जो होगा सो होगा
रह लूँगा—
और इस ख़याल पर
मुग्ध होता हुआ
स्वयं पर मैं मुग्ध हुआ
कि मैं एक पहाड़ हूँ
समूचे आकाश को
अकेला सह लूँगा।

कई बार मैंने पौरुष का नक़ाब ओढ़
वह कुछ छिपाना चाहा
जो अन्दर
कुरेद रहा था।

कई बार एक अँधेरे से निकल
दूसरे अँधेरे में
जाने की कोशिश की,
लेकिन प्रत्येक बार
रुका

और
मुड़ा
और
नहीं जानता हूँ क्यों
अपने ही बनाये हुए
रास्तों को
अपनी ही
पीठ लाद
वहाँ लौट आया
वह जहाँ
निढाल पड़ी हुई थी

कई बार मैं उससे
ऊबा
लेकिन प्रत्येक बार
वहीं लौट आया।

((माया दर्पण' संग्रह से)

एक और ढंग

भागकर अकेलेपन से अपने
तुममें मैं गया।
सुविधा के कई वर्ष
तुममें व्यतीत किये।
कैसे ?
कुछ स्मरण नहीं।

मैं और तुम ! अपनी दिनचर्या के
पृष्ठ पर
अंकित थे
एक संयुक्ताक्षर !

क्या कहूँ ! लिपि की नियति
केवल लिपि की नियति
थी—
तुममें से होकर भी,
बसकर भी,
संग-संग रहकर भी
बिलकुल असंग हूँ।

सच है तुम्हारे बिना जीवन अपंग है।
—लेकिन ! क्यों लगता है मुझे
प्रेम
अकेले होने का ही
एक और ढंग है।

('माया दर्पण' संग्रह से)

प्रेस-वक्तव्य

हे ईश्वर ! सहा नहीं जाता है मुझसे अब
औरों की सुविधा से
जीने का ढंग ।

सही नहीं जाती है मुझसे
कानाफूसी, मूर्खता,
सिनेमाघर, लड़कियाँ,
खुशामद
और
गर्द !

कई औरतों को खुश
करने की कोशिश में
कई शकल
बदल रहा
सोफ़े पर बैठा
नामर्द ।

हे ईश्वर ! मुझसे बरदाश्त नहीं होगा
यह मनीप्लाण्ट ।
सहन नहीं होगा
यह
गमले का कैक्टस
पिकनिक के
चुटकुले
ऑफ़िस का ब्यौरा
और
देशभक्त कवियों की
कविताएँ ।
(क्षमा करें महिलाएँ)
मैं अपने कमरे में खड़ा हूँ नग्न—

हे ईश्वर ! मुझे कशाघातों से छील-छील
दो इतनी बेचैनी—
मैं इसी तरह निर्वसन
सड़क से
गुज़र जाऊँ।

('माया दर्पण' संग्रह से)

फिर जन्म लेता है नगर

पौ फटी; हटता कुहर
अँधेरे के बाद भी कुछ
बच गया,
आता नज़र।
साफ़ पश्चिम की सड़क
पर
भागती
गुमनाम लड़की ने कहा,
फिर जन्म लेता है नगर !

('माया दर्पण' संग्रह से)

दूसरे का डर

कोई मेरे पास बैठा हुआ है
पर दिखायी नहीं देता।
जिस तरह मैं
पुस्तक पढ़ रहा हूँ
उसी तरह वह भी !

कोई मेरे बिस्तरे पर
आकर
सो गया है।
कोई मेरा बोझ
अपने
कन्धों पर
ढो गया है।

कोई मेरे साथ
कपड़े
बदल रहा है।
कोई मेरे पैरों
चल रहा है।

कोई मुझसे रूठा और ऐंठा हुआ है
जो दिखायी नहीं देता।

कोई मुझे अपना
हर-एक काम
करता हुआ
टोह रहा है।

कोई मुझे काम
खत्म होने की
सरहद पर खड़ा
जोह रहा है।

कोई मेरी घड़ी को
अपनी कलाई में
महसूस
कर रहा है।

बुज़दिल ! दिखाई नहीं देता
मेरे आसपास
कहीं छुपा हुआ
मुझसे
डर रहा है।

('माया दर्पण' संग्रह से)

समाधि-लेख

हवा में झूल रही है एक डाल : कुछ चिड़ियाँ
कुछ और चिड़ियों से पूछती हैं हाल !
एक स्त्री आईने के सामने
संवारती है बाल।
कई साल
हुए
मैंने लिखी थीं कुछ कविताएँ !
तृष्णाएँ
साल ख़त्म होने पर
उठकर
अबाबीलों की तरह
टकराती, मँडराती,
चिल्लाती हैं।
स्त्रियाँ
पता नहीं जीवन में आती
या जीवन से
जाती हैं !

आयें या जायें !
अब मुझमें एक अन्धे की तरह
पैरों की आहट
सुनने का उत्साह नहीं।

मैं जानता हूँ एक दिन यह
पीने की विकलता
और न पाने का दुख
दोनों अर्थहीन
हो जाते हैं ।

नींद में बच्चे सुगबुगाते हैं ।
माएँ जग जाती हैं ।
घर से निकाली हुई स्त्रियाँ
द्वार पीटती हैं
और द्वार नहीं खुलने पर
बाहर
चिल्लाती हैं
मुझे तिलमिलाती हैं
मेरी विफलताएँ
घर के दरवाज़े पर
'हमारी माँग पूरी करो'
नारा लगाती हैं ।

मैं उठता हूँ और उठकर
खिड़कियाँ, दरवाज़े
और कमीज़ के बटन
बन्द कर लेता हूँ
और फुर्ती के साथ
एक कागज़ पर लिखता हूँ
'मैं अपनी विफलताओं का
प्रणेता हूँ ।'

युद्ध हो या न हो
एक दिन
चलते-चलते भी
मेरी धड़कन हो
सकती है बन्द,
मैं बिना

शहीद हुए भी
मर सकता हूँ !
यह मेरा सवाल नहीं है
बल्कि
उत्तर है :
'मैं क्या कर सकता हूँ !'

मुझसे नहीं होगा कि दोपहर को बाँग दूँ। या सारा समय
प्रेम-निवेदन करूँ। या फ़ैशन-परेड में
अचानक धमाका बन फट पड़ूँ।

जो मुझसे नहीं हुआ
वह मेरा संसार नहीं।

कोई लाचार नहीं
जो वह नहीं है
वह होने को।
मैं ग़ौर से सुन सकता हूँ
औरों के रोने को
मगर दूसरे के दुख को
अपना मानने की बहुत
कोशिश की; नहीं हुआ !
मेरे और औरों के बीच
एक सीमा थी
मैंने जिसे छलने की कोशिश में
औरों की शर्तों पर
प्रेम किया।

मुझसे नहीं होगा ! मैं उठकर एक बार
खिड़की से झाँककर
अचानक चिल्लाता हूँ।
मैं बार-बार
नौकरी के दफ़्तर

और डाकघर तक
जाकर लौट
आता हूँ
अर्ज़ी और अपना प्रेम-पत्र लि
अपने ज़माने में
कितना बड़ा फ़ासला है
एक क़दम के बाद
दूसरा उठाने में !

मगर मैंने कोई फ़ासला नहीं
केवल अपने को तय
—नहीं झूठ नहीं बोलूंगा—
क्षय किया ।

मैं अकेला नहीं था !
मेरे साथ एक और था
जो साथ-साथ
चलता था और कभी-कभी
मुझे अपनी जेब में
एक गिरे हुए पर्स-सा
उठाकर रख लेता था ।
मैं जानता हूँ
हरेक की नियति ही यही है
कि कोई और उसे
ख़र्च करे ।

एक आदमी दूसरे का और दूसरा तीसरे का
दहेज है ।
जिसकी वाणी में आज तेज है ।
दस साल बाद
वह इस तरह लौट आता है
जैसे किसी वेश्या के कोठे से
अपने को बुझाकर ।
गाकर रिझाकर

वह क्या पाना
चाहता था ?

शायद मैं यहीं
ठीक इसी जगह
आना चाहता था—
बाहर समुद्र है,
ताड़ है,
आड़ है !

मैं जानता हूँ
अपने को बिछाकर
हर आदमी
प्रतीक्षा कर रहा है।
जिसे करनी हो करे
जिसे रहना हो रहे
प्रतीक्षा के 'क्यू' में
और प्राप्ति की गोद में,
भुजाओं में।
जिसे लूट का माल
और ठगी का प्रेम
ले जाना हो ले जाये
नावों में
बाक़ी लोग डाह में।
जीवन बितायेंगे
मल्लाहों की तरह
बन्दरगाह में।

कुछ लोग मूर्तियाँ बनाकर
फिर
बेचेंगे क्रान्ति की (अथवा
षड्यन्त्र की)
कुछ और लोग
सारा समय

क़समें खायेंगे
लोकतन्त्र की ।
मुझसे नहीं होगा !
जो मुझसे
नहीं हुआ वह मेरा
संसार नहीं ।

('माया दर्पण' संग्रह से)

बुख़ार में कविता

मेरे जीवन में एक ऐसा वक़्त आ गया है
जब खोने को
कुछ भी नहीं है मेरे पास—
दिन, दोस्ती, रवैया,
राजनीति,
गपशप, घास
और स्त्री हालाँकि वह बैठी हुई है
मेरे पास
कई साल से
क्षमाप्रार्थी हूँ मैं काल से
मैं जिसके सामने निहत्था हूँ
निसंग हूँ—
मुझे न किसी ने प्रस्तावित
किया है
न पेश ।
मंच पर खड़े होकर
कुछ बेवक़ूफ़ चीख़ रहे हैं
कवि से
आशा करता है
सारा देश ।

मूर्खो ! देश को खोकर ही
मैंने प्राप्त की थी
यह कविता
जो किसी को भी हो सकती है
जिसके जीवन में
वह वक़्त आ गया हो
जब कुछ भी नहीं हो उसके पास
खोने को।
जो न उम्मीद करता हो
न अपने से छल
जो न करता हो प्रश्न
न ढूंढ़ता हो हल।
हल ढूंढ़ने का काम
कवियों ने ऊबकर
सौंप दिया है
गणितज्ञ पर
और उसने
राजनीति पर।
कहाँ है तुम्हारा घर ? अपना देश खोकर कई देश लाँघ
पहाड़ से उतरती हुई
चिड़ियों का झुण्ड
यह पूछता हुआ ऊपर-ऊपर
गुज़र जाता है : कहाँ है तुम्हारा घर ?
दफ्तर में, होटल में, समाचार-पत्र में,
सिनेमा में,
स्त्री के साथ एक खाट में ?
नावें कई यात्रियों को
उतारकर
वेश्याओं की तरह
थकी पड़ी हैं घाट में।

मुझे दुख नहीं मैं किसी का नहीं हुआ। दुख है
कि मैंने सारा समय
हरेक का होने की

कोशिश की।
प्रेम किया। प्रेम करते हुए
एक स्त्री के कहने पर
भविष्य की खोज की और एक दिन
सब कुछ पा लेने की
सरहद पर
दिखा एक द्वार : एक ड्राइंगरूम।
भविष्य
वर्तमान के लाउंज की तरह
कहीं जाकर खुल
जाता है।

रुको,
कोई आता है
सुनाई पड़ती है
किसी के पैरों की
चाप।
कोई मेरे
जूतों का माप
लेने आ रहा है।

मेरे तलुए घिस गये हैं
और फीतों की चाबुक
हिला-हिला
मैंने आसपास की भीड़ को
खदेड़ दिया है,
भगा दिया है।
औरों के साथ
दग़ा करती है स्त्री
मेरे साथ मैंने
दग़ा किया है।
पछतावा नहीं; यह एक क़ानून था जिसमें से होकर
मुझे आना था।
असल में यह एक

बहाना था
एक दिन अयोध्या से जाने का
मैं अपने कारख़ाने का
एक मज़दूर भी
हो सकता था
मैं अपना अफ़सोस
ढो सकता था
बाज़ार में लाने को
बेचैन हो सकता था कविता
सुनाने को
फिर से एक बार इसे और उसे और उसे
पाने को

लेकिन एक बार उड़ जाने के बाद
इच्छाएँ
लौटकर नहीं आतीं
किसी और जगह पर
घोंसले बनाती हैं
विधवाएँ बुड़बुड़ाती हैं
रँडापे पर
तरस खाती हैं
बुढ़ापे पर
नौजवान स्त्रियाँ
गली में ताक-झाँक करती हैं
चेचक और हैजे से
मरती हैं
बस्तियाँ
कैन्सर से
हस्तियाँ
वकील
रक्तचाप से
कोई नहीं
मरता
अपने-पाप से

धुआँ उठ रहा है कई
माह से। दिन
चला जाता है
मारकर छलाँग एक खरगोश-सा।
बन्द होनेवाली
दुकानों के दिल में
रह जाता है
कुछ-कुछ अफ़सोस-सा।

('माया दर्पण' संग्रह से)

अन्तिम वक्तव्य

[इसके बाद कुछ कहना बेकार है]

आदमी से प्रेम करने का ठेका
ले रखा है
क़साई ने :
मुझे न औरों से
प्रेम है
न अपने से !

मैं टकटकी लगाये
देख रहा हूँ
कैसे गिरती है इमारत
धरती के कँपने से !

न कँपती है
धरती
न होता है
युद्ध
सब कुछ
अवरुद्ध
है !

मैं कहना कुछ चाहता हूँ
कुछ और
कह जाता हूँ—
झूठे हैं समस्त कवि
गायक
पत्रकार

आत्माएँ
राजनीतिज्ञों की
बिल्लियों की तरह
मरी पड़ी हैं
सारी पृथ्वी से
उठती है
सड़ांध !

कोई भी जगह नहीं रही
रहने के लायक़
न मैं आत्महत्या
कर सकता हूं
न औरों का
खून !

न मैं तुमको ज़ख्मी
कर सकता हूँ
न तुम मुझे
निरस्त्र !

तुम जाओ अपने बहिश्त में
मैं जाता हूँ
अपने जहन्नुम में !

('माया दर्पण' संग्रह से)

जलसाघर

—यही सोचते हुए गुज़र रहा हूँ मैं कि गुज़र गयी
बग़ल से

गोली दनाक से।

राहज़नी है या क्रान्ति ? जो भी हो, मुझको
गुज़रना ही रहा है

शेष।

देश

नक्शे में

देखता रहा हूँ हर साल नक्शा बदलता है
कच्छ हो या चीन

तब तक

दूसरी गोली दनाक से।

हद हो गयी, मुझको कहना ही पड़ेगा, हद कहीं नहीं,
चले आओ अन्दर

मुझको उघाड़कर

चूतड़ पर बेंत मार
चेहरे पर लिख दो यह गधा है। तब भी जो जहाँ
है, वहीं बँधा है

अपनी बेहयाई को

सँवारता हुआ चौदह पैसे की कंघी से।

चले जाओ
चकले पर, टाट पर, जहन्नुम में, लाट पर,
खुदबुदाते हुए प्रेम, बिलबिलाती हुई इच्छा, हिनहिनाते
हुए क्रोध को मरोड़ दो। क्या होगा ? छूँछा
होता हूँ हर बार ताकि और भी मवाद हो।

दाद हो, खुजली हो, खाज हो हरेक के लिए
है

मुफ़ीद,

आजमाइए, मथुरा का सूरदास मलहम।
क्या कहा ? सांडे का तेल ? नहीं, नहीं,
कामातुर स्त्रियां, लौट जायें, वामाएँ,
मैंने गुज़ार दी, ऐसे ही, लौट जायें
सब अपने-अपने ठिकानों पर
पाप संसार में,
मन्त्री अस्तबल में,
पाखण्डी गर्भ में,
अफसर जिमखानों में।

वर्षा नहीं होगी, खबरों के अपच से, सब-के-सब मरेंगे
एक राजधानी को छोड़
उठती है मरोड़ अभी से टीका लगवाइए घी का
भाव दूना हो गया है सूना
लगता है लस्सा ही
नहीं रहा।

क्या कहा ? नहीं, नहीं, मथुरा का सूरदास मलहम
मुफीद है
दाद हो, खुजली हो, खाज हो,

—जिस किसी का राज हो
मुझ को मंज़ूर नहीं किसी की शर्त, किसी की दलील
कि उसने मारा मेरे दुश्मन को
कोई मेरा वकील नहीं,
मर्दुमशुमारी के पहले ही मुझे कूच कर जाना है हरेक कूचे से
सब की मतदान पेटियों में
कम होगा एक-एक वोट,
मुझ को मंज़ूर नहीं किसी की शर्त।

मुझ को गुज़रना है भरी हुई भीड़ से, मक्खियों के
झुण्ड से
एक-एक कर अपने सभी दोस्तों के नजदीक से
ठीक से

चलो, कहकर, मुझको धकियाता है, ऊलजुलूल,
आँखें तरेर कर
घेर कर
कहाँ लिये जाते हो मुझ को मेरे विरुद्ध ?
छोड़ दो, छोड़ो, छोड़ो वरना ! वरना के आगे
कुछ नहीं, बस स्टॉप है जिसका
मुँह
किसी की तरफ नहीं।
मुझे भी बदल दो बस स्टॉप में
छोड़
दिया गया है
मुझे अनन्तकाल तक
भटकने
के लिए
इस प्रलाप में

ऑनरेरी सर्जन। कनसल्टेंट, मिलने का समय, पाँच से सात,
मेरा उद्धार करो—
मेरा स्वाद बदल रहा है, रहते-रहते
मैं भी
यहाँ का
हो चला
हो चली
शाम
बदलो, बदलो अपने मिलने का समय, यह समय वह समय
नहीं

दुःख, लेन-देन, रह गया माल, दुर्घटना, वेश्या, घेराव,
कम्युनिस्ट पार्टी की जनता, जनसंघ का लोक
किये का शोक, अनकिये का
शोक
छा गया है
खुदाबख्श हिजड़े की बेवजह मौत पर, फौजदारी
कायम हो,

क़ायम हो, तुम अब तक, वैसे
सच यह है
मैं तुमको पहचान नहीं पाया था अबकी,
जाने कब-कब की उतर रही हैं
साथ-साथ
छतों से, पलँग से, सीढ़ी से
नीली, पीली, बजी हुई
निगल रही हैं
अन्तिम दृश्य को

भविष्य को उँगली पर रखता है ज्योतिषि
बनिया तिजोरी में,

पकड़ा गया था जिस चोरी में
तीन साल पहले अज्ञानसिंह, उस का अब भेद
खुला

खुला-खुला लगता है, वैसे, पर सचमुच
डरा-डरा,
हरा-भरा लगता है, सौवाँ; मैंने क्या
ठेका ले रखा है बाकी निन्यानबे का
फेर
देर वैसे भी हो चुकी, चौसर की तरह
बिछे
नक्शे पर बैठ गया कौवों का प्रसंग। पृथ्वी का
हिसाब
हो रहा है—
मुझको इसी बात पर काँव-काँव करने की छूट दो,
क्षमा करो,
छोड़ दो,
रिहाई को बचा ही क्या अब, एक
और ठण्डस्नान,
एक
और मोहभंग

सबकुछ प्रतिकूल था, तब भी सम्भव किया मैंने
कविता को
और
कुछ अपने आपको,
धन्यवाद !

तोड़ता है, यथास्थिति, मनसब नहीं बल्कि
ग़लत बीज
टूटता है सबकुछ
बस धनुष नहीं टूटता
तौला गया था जो सोने से
क्या होगा रोने से, यह कहकर, जमुहाई
लेती हुई
सोने को जाती है विधवा
जिसे
ठोंकता है दिन-भर
चुंगी का दरोगा, भैंसों का दलाल।

देखता है काल या कि देखता भी नहीं है ?
मुझको
सन्देह है,
इसको सुजाक, उसको मधुमेह है।

बार-बार पैदा होती है आशंका, बार-बार मरता है
वंश।

क्या मैं इसी तरह, बिल्कुल बेलाग, यहाँ से
गुज़र जाऊँ ?
हे ईश्वर ! मुझको क्षमा करना, निर्णय
कल लूँगा, जब
निर्णय हो चुका होगा।

('जलसाघर' संग्रह से)

आध घण्टे की बहस

दफ्तर में पिटने, दुनिया में जाकर चित होने, अथवा निकाले
जाने के बाद
क्या होता है, पिटकर आने के बाद, मैं सोचता हूँ, मुझको
मतलब नहीं जहान से, मुझ को बनना है वह, जो मुझसे
पहले हो गये हैं, पिटने, चित होने, निकाले
जाने के बाद।

मुझको लिखना है, बस,
पर न मैं
उठता हूँ, न भृकुटि—
लिखने का मतलब है नरक से गुज़रना।
क्यों गुज़रूँ ?

तो जाओ,
उतरो वैतरणी अपने से पहले की पूँछ पकड़। पूँछ अभी
बाकी है।
अथवा गऊदान करो। अनुसंधान करो जाकर किसी
विश्वविद्यालय के हिन्दी विभाग में,
साग में नमक, राजनीति में ईमान,
जीने में मज़ा
नहीं रहा। नहीं रहा वह सब जिसे होना चाहिए था
ईसा की बीसवीं शताब्दी के अड़सठवें
वर्ष में।

हर्ष में भर कर देखती है कन्या दुनिया में चित होकर लगातार
घर की तरफ आते हुए
पिता को
चिता को
बुझाओ मत। साध्वियाँ चली आ रही हैं, हया और बेशर्मी
फली और फूली।

वसंत के महीने में पैदा हुआ था वसंत, शिशिर में शिशिर,
कार्तिक में कुतिया
पूँछ छिपाये हुए
ढूँढती है ।

उठो, गिरे हुए योद्धा से, कहता अम्पायर है, उठो,
गिरे हुए को
उठाने में मज़ा है । उठता है, फिर से गिराये जाने को—
पैसा वसूल हुआ । तितर-बितर वक्त !

मुझको भी जगह दो गैलरी में । मेरे परदादा को पछाड़ा था
गामा पहलवान ने,
दादा को सुभान ने
बाप को मलेरिया ने, मुझको दुर्योधन ने ।

दुर्योधन मुर्दाबाद ! देश में मलेरिया नहीं रहा, मेरे
परदादा की जमीन भी नहीं
रही ।

किसको दूँ अपना बयान ? हलफ़नामा
उठाऊँ
किसके सामने ? कोई है ? या केवल
बियाबान है ?

यह उस सूदखोर बनिये का मकान है, जिसके तीन लड़के, हैज़ा
चुनाव और आलस्य में
मारे गये । देश में मनाया जा रहा है शहीद-दिवस । शामिल
होना है या नहीं ? चलो
फ्रन्ट पर । लड़ाई छिड़ने की सम्भावना है । खत्म नहीं होती
सम्भावना

चाहे कश्मीर हो या कन्याकुमारी का समुद्र ।
महाबलिपुरम के नान्दी ने जैसे ही डकार ली, चौंक गया
कालजयी ब्राह्मण का वंश, याज्ञवल्क्य,

फिर से विधान करो, नान्दी
डकारता है—

शूद्र को प्रतिष्ठा दो। मुझको प्रतिष्ठा दो। यह कहकर
मुझको बर्खास्त किया जनमत ने कि
प्रतिभा है, लेकिन उद्दण्ड है! बस केवल बीस वोट! दस
जो मुझसे पहले हो गये, दस जो होंगे
मुझसे बाद में।

मैंने देखा, हैदराबाद में, टीपू सुलतान को, बीदरी का काम
इसी तरह, एक दिन
मैं भी हो जाऊँगा बिल्कुल गुमनाम!

ऐसा ही इसका क़ानून है, जिसे तोड़ने के अपराध में, दस हज़ार
साल का अज्ञातवास भोगता है कौन,
इस अनन्त को—
पृथ्वी में शायद रह जायेगी हवा जैसे सायकिल के ट्यूब में,
जीता रहूँगा मैं ऊब में,
जो भी हो, इतना तो है कि,
इतना है कि जितने से मजे में वक्त, जो अन्यथा; बजता रहता है
लगातार।

अट्ठारह दिनों तक जीने के बाद महाभारत को, कैसे बिताये, वह
रद्द किये गये
हाल-हाल के दो हजार वर्ष, सोचने की बात है।
भारत के लिए वज्रपात है···रश···लीड···जवाहरलाल
नेहरू नहीं रहे···रिपीट···प्रधानमन्त्री
नेहरू
नहीं रहे···

(मोर टु फॉलो)

लड़ना पड़ा मुझको जीवन-भर टटपुँजिये कवियों के दर्प से जो
गुज़र गये
मेरे क़रीब से।

ग़रीब से ग़रीबन, नसीबन नसीब से, बनता है, कहता है
व्याकरण,

तोड़ो मत नियम को,
कुछ भी नहीं रहेगा ।

कुछ भी नहीं रहा, लड़ना पड़ा मुझको
पाणिनि के व्याकरण, स्मिथ की हिस्ट्री, डडले
स्टैम्प के भूगोल से, गलत है
मैकाले का भारत, जो, क्या कहूँ मुझको मंजूर है !

हुज़ूर मेरा बेटा बेकसूर है, फाँसी दी जाय मुझे, कोर्टफीस
पहले दे चुका हूँ ।
रहम करें, माई-बाप ! बन्द करो अपनी बकवास !

यह कहकर मैंने अवकाश लिया, अब मुझसे पढ़ा नहीं जाता
इतिहास !
मुझे भुला दिया जाय । अगर न्याय हो सकता है तो बस
यही हो—
गूंगों के अभिनय को जिसने बदलने की कोशिश की कविता में ।

('जलसाघर' संग्रह से)

विजेता

दूरबीन थी जिसके पास, दाँव पर लगाये हुए
देख रहा है वह

भविष्य को,
तुम केवल दृश्य को ।

पता नहीं क्या हो ? हो सकता है, रातोंरात, कुछ भी
हो सकता है

तय है कि कुछ भी तय नहीं—
दौड़ शुरू होने के वक्त को छोड़
घुड़दौड़।

हिनहिनाते हुए घोड़े गुज़रकर मेरी धमनियों से,
जाकर दम तोड़ते हैं
सीधे दोआब पर।

नौ नम्बर घोड़ा
दर्प से टिका मेरे सीने पर पैर
पूछता है चाँप कर :
विजेता है कौन ? तुम या मैं ?

लौटा दो। वापस करो मेरा भाग्य। जीते हुओं का जुलूस
गुज़र रहा है
किस शान से
बीसवीं शताब्दी के बीच से।

तुम कौन हो ?
छूट गये हो ? अथवा छोड़ दिये गये हो ?
इसके पहले कि महालक्ष्मी में शाम हो,
बन्द हो सराफ़ा,
निर्णय करना होगा : किसके गवाह हो ? कहाँ है अदालत ?
कौन है हारे हुओं का वक़ील
पृथ्वी से उदासीन अपने विस्तार में चील
मँडरा रही है······

घर, प्रेम, माँ-बाप, कविताएँ, एक-एक कर छूटते हैं
सब,
दाँव पर लगा हूँ खुद मैं,
दौड़ रहा हूँ हरेक इच्छा के बिलकुल करीब से
फेंकता हुआ
अपने जबड़ों से फेन।

आगा खाँ,
और बची हैं कितनी चीजें
मुझे गुजरना होगा जिनके नजदीक से।
दौड़ शुरू होने के पहले किसी ने बताया नहीं
पूरी करनी है परिक्रमा
कितने जन्मों, कितने नगरों में
उन्हीं-उन्हीं परिणतियों, उन्हीं-उन्हीं दृश्यों की ?
वही-वही प्रत्याशा, वही महालक्ष्मी में हार कर
लौटता हुआ
सबके घरों में, मैं।
वही कराह जिसे सुना है हरेक ने।

धोखा दिया है विवेक ने। मुंसिफ़ के अथवा
इतिहास के ?

विजेता बन लौटने के पहले कौन थे
तुम ? रत्ती-भर कवि थे या चारों ओर
अपना विन्यास थे ? बिछाओ अपना जाल।
काल थके हुए घोड़े की तरह निर्लिप्त चला जा रहा है।

मृत्यु से छिपाकर मुँह, जीते हुए, विस्मयविहीन संसार में
कविता के प्रश्नों के
ढूँढते हुए उत्तर
दैनिक अखबार में

अगली शताब्दी के अधिनायक
कहाँ छिपे थे अब तक ?
गांधी की हत्या की आड़ में ?

मैंने जीती थी जो कविता
स्वयंवर में, छीनने आये हैं
उसे कुछ तुर्क—व्यर्थ है अपील,
कोई संहिता नहीं; टूट चुका है सब
कोणार्क के समेत।

ले जाओ मेरा प्रमाण भी लूट में
शुमार कर,
रहा नहीं कुछ भी
सोमनाथ में,
गवाह है
अब—तक—सलामत—खाँ गजनवी।

अगर बसा सकते हो बसाओ कोई नगर जिसे काल या
अकाल ने

अभयदान दिया हो—
आएँगे मूर्तियों के व्यापारी
चीन से,
कहता है ह्वेनसांग, सुनता है ह्वेनसांग
मथुरा की टूटी हुई मूर्ति का विलाप।

('जलसाघर' संग्रह से)

चेकोस्लोवाकिया

किसी के मारे जाने पर यदि मैं चिल्ला सकता !
चीख नहीं रही—
चुप रहकर शामिल हुआ मैं अन्याय में।
कौन हूँ ?
तमगा हिलाते हुए नींद से जगाकर प्रत्येक को
पूछता है इवॉनोव,
अकस्मात अपना प्रेमभंग कर
(कौन थी)
दूर कार्लतेन को गुँजाती हुई
देती है जवाब…प्राँहा…
सिनेमाघरों की स्वाधीनता का जश्न मनाती हुई
भीड़ पर
झपटता है टैंक 'क्रेमलिन 1938'

क्रान्ति की 50वीं सालगिरह
उसे भी मुबारक हो
लेनिन के पुतले के ठीक सामने जो मारा गया,
कौन था ?

मत करो सवाल ।
फिर से उग आयी हैं मूछें स्तालिन की,
वर्दी बदलकर
चला आया है बेरिया···मौसम के साथ-साथ
मक़सद बदल गया···मॉस्को में
गर्मी है ।
सारी दुनिया की आँखों में बेशर्मी है,
छत पर खड़ी होकर
देख रही है दो सौ वर्षों से, बलात्कार ।
लिदीत्से
दोहराया जायेगा बार-बार
कातर होकर अथवा जोर से
जब भी चिल्लाएगा कोई···स्वाधीनता ।

'चेकोस्लोवाकिया नहीं रहा,' घोषणा करता है गोएबेल्स
लिदीत्से के साथ ।
शर्म में झुकाए हुए
माथा
क्रोध में
उठाये हुए हाथ
चेकोस्लोवाकिया
अकेला गवाह !
—दोहरायी जायेगी कौम ।
सार्वभौम ! सार्वभौम ! मार्क्स की शताब्दी पर
एक और संस्करण
मार्क्स का
एक और संस्करण
होकर निकलता है ।
चलता है, यह कहकर, जॉनसन ने छुट्टी ली

आधे में अमेरिका
और
आधे में रूस का सिक्का
चलने दो ।

जलने दो पुस्तकालयों को, ढहने दो लेनिन की मूर्तियाँ,
गिरने दो
सीढ़ी पर गोली खा लिंकन को ।
युद्ध का रिहर्सल करते हुए बर्बर, अत्याचारी,
आईने में देखो गुएर्निका ।

मेरे पास कहने के लिए
केवल दो शब्द हैं,
'लौट जाओ ।'

छोड़ दो हरेक को अपने अंधकार में,
लौट जाओ
भाड़े की रोशनी लिये अपने साथ ।
पराया लगता है
प्रत्येक अपने आपको
गैर के प्रकाश में ।
चेकोस्लोवाकिया,
आज से,
रहेगा प्रवास में ।

पाँच लाख सैनिकों के बजते हैं टाप···
एक-एक
कविता में
पाँच लाख घाव हैं—
रिसता है नजवल का दुख, नजवल
पहचानता है ।

'निर्णय करना होगा ।' कहता है ज़्दानोव,
कविता या मृत्यु ?

मृत्यु। यह कहकर खोलता हूँ मैं
सबकी गाँठ को,
बेहतर है आत्मघात। मुझसे यह
दस्तखत नहीं होगा।

दोनों तरफ योरप है, एल्प्स है, दोनों तरफ
कायर हैं,
मारे गये चेक के सिर का इनाम लूट
सीनेट में रोता हुआ
खुश है अमेरिका,
कॉनफ्यूशियस की समाधि पर
हगता है
चीन,
भारत संसार का मैला ढो रहा है
सबेरा
हो रहा है —

चेकोस्लोवाकिया में रात है, दर्प है, दूसरे का
मैला न ढोने का,
आईने में जाकर न रोने का।
चेकोस्लोवाकिया में चौतरफ़ा रात है।

देर रात
लौटता हुआ शराबख़ाने से
प्रॉग
बुदबुदाता है
झुककर मसारिक की क़ब्र पर, 'प्रॉवदा वितेजी।'

मुझे नहीं करनी है पैरवी 'मैं जैसा हूँ वैसा क्यों हूँ' को,
वेंसेस्ला के समीप
बड़बड़ाता है चेक और गिरता है चेक,
और सारे चेकोस्लोवाकिया की रंगशालाएँ
चिल्लाती हैं···खून।

मेरे पास कहने के लिए कुछ नहीं रहा,
केवल दो शब्द
'दानिवे दबचेक, दानिवे प्राहा'

('जलसाघर' संग्रह से)

ढाका बेतार केन्द्र

चकित है पद्मा
एक और नदी के
प्रवाह पर
'हू-ब-हू रक्त
नहीं रक्त'
चीखती है पद्मा
छलाँग मार
भागती है
जंगल के पार से

हरप्रसन्न माझी का
रक्त
जो रोज़ सुबह
धोता था मुँह
पद्मा नदी के
अन्धकार से
फैल गया

पद्मा का
भय
नहीं दुख

नहीं क्रोध
रह-रह कर
चीखता है

ढाका
बेतार
केन्द्र

पूछता है
बने रहने का
अर्थ

अगर
कुछ भी
हो सकता है

सिलहट
कोमिल्ला
जेसौर

पोखरों में
गिरते हुए नगर
सौंपते हैं

पोखरों में
गिरते हुए

फौज के अँधेरे में
लुटी हुई
बीसवीं शताब्दी का

सिर
गिरता है
चेकोस्लोवाकिया में

धड़
वियेतनाम में
शेष

ढाका
चटगाँव में

शुक्रिया, चंगेज़ खाँ,
तुम्हीं को पाया
हर मोड़ पर

अमर है
चंगेज ख़ाँ
चंगेज़ है
अमर खाँ

कराची में
पता पूछ रहे हैं
वनलता सेन का

शेल्फ से
गिरती है जीवनी
जीवनानन्द दास

('जलसाघर' संग्रह से)

युद्ध नायक

जरूरी नहीं था युद्ध में मारा जाना
मगर मैं मारा गया युद्ध में !
युद्ध से मतलब युद्ध-भूमि नहीं
बल्कि युद्ध से बचकर
सड़क पर चलता हुआ
सहस्रों सूर्यों के प्रकाश की तरह
एक बम के फटने से
मारा गया मैं !

इसके पहले
कि मैं चीखकर कहता
'हिरोशिमा अमर है'
मैं मारा जा चुका था !

दबी-की-दबी रह गयी
चीख़ ।
पीछे कुछ नहीं
केवल स्मृतियाँ हैं—
मूर्त्ति से मूर्त्ति
मनुष्य से मनुष्य
कविता से कविता
मोहनजोदड़ो से अब तक का
सिलसिला है ।
युद्ध की अटूट एक शृंखला है !

अभी,
कल ही की तो बात है,
ढाका
एक मांस के लोथड़े की तरह
फेंक दिया गया था
दस हजार कुत्तों के बीच ।

युद्ध कब शुरू हुआ था हिन्दचीन में ?
हृदय में
दो करोड़ साठ लाख घाव लिये
वियेतनाम
बीसवीं शताब्दी के बीच से
गुज़रता है !

अभी,
कल ही की तो बात है
यूरोप
एक युद्ध से निकलकर
दूसरे युद्ध की ओर
इस तरह चला गया था
जैसे कोई नींद में चलता हुआ व्यक्ति ।

कुछ भी नहीं होते कुछ हजार वर्ष ।

कुछ हजार वर्षों में
कुछ भी नहीं बना
और कुछ भी नहीं बिगड़ा है,
बहुत कुछ बना
और बहुत कुछ बिगड़ा है।

अभी,
कल ही की तो बात है
यहीं,
ठीक इसी जगह,
अन्धी आँखों से आँसू बहाते हुए
यही
कहा था धृतराष्ट्र ने,
कि किसी ने नहीं कहा,
व्यर्थ है युद्ध !
संजय की बाँह पकड़
हस्तिनापुर की विधवाओं का विलाप सुन
यही कहा था कौरव-सम्राट ने !

मैं ही हूँ अश्वत्थामा, जिसे नर या कुंजर
मारा जाना है
हर युद्ध में !
मैं ही हूँ ट्रैजेडी का देवता, दियोनिसस
मैं ही अपोलो !
सीनेट के द्वार खटखटाता हुआ
चीखता हूँ मैं—
सम्हलो। अभी भी समय है !
सीनेट बेख़बर है
सीनेट के सामने समस्या है
एक अरब डालर
हथियारों के लिए कम है या ज्यादा है ?

हूवर से पूछने के बदले
क्यों नहीं पूछते स्वयं स्वतन्त्रता की मूर्त्ति से

क्यों चीखती है वह आधी रात को,
'वियेतनाम ! वियेतनाम !'

शान्ति का अर्थ किस भाषा में शान्ति नहीं ?
युद्ध का अर्थ किस भाषा में युद्ध नहीं ?
इतना ही है
कि शान्ति याददाश्त के लिए
मोरपंख की तरह किताबों के बीच रखी हुई है,
युद्ध दस्तक दे रहा है,
पृथ्वी की एक-एक सड़क पर
भाग रहा है
मनुष्य
युद्ध पीछा कर रहा है।

बनी है देखने को ताजमहल के बाद
दूसरी इमारत
संयुक्त राष्ट्र संघ—
ऊपरी मंज़िल से दीखते हैं
जलते हुए शहर अफ्रीका के, एशिया के,
जैसे
अब भी जल रहा हो पर्सिपलिस का पुस्तकालय,
चल रहा हो
बावेरिया में पैदा हुए नात्शियों का दस्ता
सबकुछ उजाड़ता
सबकुछ पर रखता हुआ पैर—

यूरोप,
बड़बड़ा रहा है बुखार में
अमेरिका,
पूरी तरह भटक चुका है अन्धकार में
एशिया पर
बोझ है गोरे इन्सान का,
सम्भव नहीं है
कविता में वह सब कह पाना

जो घटा है
बीसवीं शताब्दी में मनुष्य के साथ !
काँपते हैं हाथ !

मैं इतना ही कहना चाहता हूँ,
यह दुनिया
याह्या खान के लिए नहीं बनी है।

('जलसाघर' संग्रह से)

प्रजापति

खुशकिस्मत हैं वे, जो खुशी-खुशी जी रहे हैं !
मुबारक हो उन्हें उनका जन्मदिन
जिन तक उन लोगों की सूचना नहीं पहुँची,
जो पैदा होते ही
स्पेन में, कांगों में अथवा वियेतनाम में
मार दिये गये !

खुशकिस्मत हैं वे,
जो चुप रहकर देखते रहे सारा दृश्य,
गिनते रहे शव,
सुनते रहे
क्रिकेट और मौसम के समाचार !

मुबारक हो उन्हें यह समय,
जिन्हें सबकुछ
सुनायी पड़ता रहा—
यहाँ तक कि पत्ते का गिरना भी—
केवल सुनायी नहीं पड़ी
उस स्त्री की चीख़ जिसका पति
घर से निकलते ही ढेर कर दिया गया

टाइम स्क्वेयर पर,

न्यूयार्क के टाइम स्क्वेयर पर
मियाफेरो की तसवीर चमता हुआ
नशे में धुत्त एक फौजी बड़बड़ाता है
'मुझे एक कैलेंडर चाहिए
जिस में तारीख़ न हो'

वह अनन्तता में जीना चाहता है,
पृथ्वी की अनन्तता में नहीं
जो कछुए की तरह
एक नहीं, दो नहीं, कई खरब वर्षों से
चली आ रही है,
हत्या की अनन्तता में—
हत्या जो दिखायी नहीं देती,
चीख़ों की अनंतता में—
चीख़ें जो सुनायी नहीं पड़तीं !

इस भयानक समय में कैसे लिखूँ
और कैसे नहीं लिखूँ !
सैकड़ों वर्षों से सुनता आ रहा हूँ
घृणा नहीं, प्रेम करो—
किससे करूँ प्रेम ? मेरे
चारों ओर हत्यारे हैं !
नागरिको ! सावधान, रास्ते के दोनों ओर
वधिक हैं—
जुपिटर के महल से चुरायी हुई बिजलियाँ
आस्तीन में छिपाये हुए
सैनिक हैं !

इसी रास्ते पर मारा गया था स्पार्टाकस,
इसी रास्ते पर घसीटा गया था ग़ुलाम,
इसी रास्ते पर
सम्बोधित करते हुए
वधिकों की भीड़ को
कहा था हेरोद ने,

ईसा हत्यारा है, ईसा की मौत !

द्रोणाचार्य ! इन्हें मत सिखाओ
धनुर्विद्या,
ये सत्य के लिए नहीं,
सत्ता के लिए लड़ रहे हैं !

एथेंस में बत्तियाँ बुझायी जा चुकी हैं,
रोम जल रहा है,
पेरिस की सड़कों पर
भूखों और नंगों की भीड़ है—
चीख़ती है जनता, गुर्राती है जनता,
माथे से पसीना पोंछती हुई
घर की ओर लौटती है
जनता !

कुहरे में डूब गये हैं कुछ नारे,
धूल में पड़े हैं
कुछ शब्द,
उठाओ, इन शब्दों को उठाओ,
क्रान्ति की प्रतीक्षा करती हुई
जनता सो गयी है !

अमूर्त्त ! कितनी अमूर्त्त है, कविता !
कहाँ है
इन सारी कविताओं में वह चेहरा,
जो जितना मेरा है
उतना ही दूसरे का !

हृदय ! मेरा हृदय ! मैं कहाँ
बेच आया अपना हृदय !
आँखें ! मेरी आँखें ! मैं
कहाँ छोड़ आया अपनी आँखें—
नंगा घुमायी जा रही है
जुए में हारी हुई स्त्री !
मैं देख नहीं सकता !

मुबारक हो, गोएबेल्स, मुबारक हो,
ख़ाकी वर्दी पहने
तुम किस का पता पूछ रहे हो ?
मुबारक हो, हेनरी, मुबारक हो,
लौटते हुए वियेतनाम से
तुम किसे ढूँढ़ रहे हो—
अपने अतीत को ?
भविष्य को ?
हिरोशिमा की अन्तरात्मा को ?
कोरिया की दबी हुई सिसकी को !

कायर,
धोने आये हो तुम,
एशिया की नदियों में
ख़ून से रँगे अपने हाथ !
हत्यारे,
लौट जाओ !
छोड़ दो मुझे मेरे हाल पर

काल पर छायाएँ फेंकता
अंगकोर वाट
सुनता है
नगरों-महानगरों का प्रलाप !
किसी को नहीं
पश्चात्ताप !
कोई नहीं करता स्वीकार—
'ईश्वर क्षमा करना !
मैंने हत्या की है—
मैं ही हूँ क्लॉड ईथरले,
मैं ही हूँ गोडसे,
मैं ही हेरोद !'

न्यायालय बन्द हो चुके हैं, अर्ज़ियाँ हवा में
उड़ रही हैं,

कोई अपील नहीं,
कोई कानून नहीं,
कुहरे में डूब गयी हैं प्रत्याशाएँ
धूल में पड़े हैं
कुछ शब्द !
जनता थककर सो गयी है !

('जलसाघर' संग्रह से)

प्रक्रिया

मैं क्या कर रहा था
जब
सब जयकार कर रहे थे ?
मैं भी जयकार कर रहा था—
डर रहा था
जिस तरह
सब डर रहे थे।
मैं क्या कर रहा था
जब
सब कह रहे थे,
'अज़ीज मेरा दुश्मन है ?'
मैं भी कह रहा था,
'अज़ीज मेरा दुश्मन है।'

मैं क्या कर रहा था
जब
सब कह रहे थे,
'मुँह मत खोलो ?'
मैं भी कह रहा था,
'मुँह मत खोलो
बोलो
जैसा सब बोलते हैं।'

ख़त्म हो चुकी है जयकार,
अज़ीज मारा जा चुका है,
मुँह बन्द हो चुके हैं।

हैरत में सब पूछ रहे हैं,
यह कैसे हुआ ?
जिस तरह सब पूछ रहे हैं
उसी तरह मैं भी,
यह कैसे हुआ ?

('जलसाघर' संग्रह से)

महामहिम

महामहिम !
चोर दरवाज़े से निकल चलिए !
बाहर
हत्यारे हैं।

बहुक्म आप
खोल दिये थे मैंने
जेल के दरवाज़े,
तोड़ दिया था
करोड़ वर्षों का सन्नाटा !

महामहिम !
डरिए ! निकल चलिए !
किसी की आँखों में
हया नहीं,
ईश्वर का भय नहीं,
कोई नहीं कहेगा,
'धन्यवाद' !

सब के हाथों में

कानून की किताब है।
हाथ हिला पूछते हैं,
किसने लिखी थी
यह कानून की किताब ?

('जलसाघर' संग्रह से)

स्तालिन पर्दे में रहता है

स्तालिन पर्दे में रहता है
'हाज़िर करो'
पर्दे के पीछे से कहता है
स्तालिन नागरिक जोसेफ से पूछता है,
'नाम ?'
जोसेफ
'धर्म ?'
स्तालिन
'कर्म ?'
स्तालिन
'जुर्म ?'
स्तालिन
'सज़ा ?'
स्तालिन
स्तालिन कुर्सी में धँसता है
बेरिया
अदृश्य हँसी हँसता है।

('जलसाघर' संग्रह से)

'जो'

न्यूयार्क के सब-वे में नीग्रो पिट रहा है !
उसे पिटना ही था,

वह नीग्रो था !

मियामी की रेत पर नीग्रो पिट रहा है !
उसे पिटना ही था,
उसने ललचायी आँखों से देखा था जेन को,
जो गोरी थी !

लॉस वेगास में नीग्रो पिट रहा है !
उसे पिटना ही था,
वह जुए में जीता था !

कैलिफोर्निया में नीग्रो पिट रहा है !
उसे पिटना ही था
उसने उत्तर दिया था,
'मैं नीग्रो हूँ ।'

('जलसाघर' संग्रह से)

जोसेफ अब्रुकुआ

न्यूयार्क की 42वीं सड़क पर चलते हुए
18वीं शताब्दी के नीग्रो कवि
जोसेफ अब्रुकुआ ने देखा
43वीं सड़क पर, 20वीं शताब्दी का
नीग्रो कवि जोसेफ अब्रुकुआ
जोसेफ अब्रुकुआ को
ढूँढ़ता
चला आ रहा है ।

जोसेफ अब्रुकुआ जोसेफ अब्रुकुआ से
पूछता है :
'कब पैदा हुए थे ?'
जोसेफ अब्रुकुआ उत्तर देता है :

'जब सब पैदा हुए थे !'
'कहाँ से आये थे ?'
'जहाँ से और सब !'
'तुम्हें किसने गुलाम बनाया था ?'
'मेरे रंग ने !'
'किसका बोझ अब तक ढो रहे हो ?'
'रंग का !'

'तुम्हारे पिता काले थे ?'
'काले !'
'तुम्हारी माँ काली थी ?'
'काली !'
'तुम्हारी स्त्री काली थी ?'
'काली !'
'गोरों ने तुम्हारे साथ कैसा सलूक किया ?'
'जैसा वे नहीं करते गोरों के साथ !'

'तुम्हें पीटा ?'
'पीटा !'
'सड़क पर घसीटा ?'
'सड़क पर घसीटा !'
'उन्होंने तुमसे कहा, 'तू हब्शी है ?'
'उन्होंने मुझसे कहा, 'तू हब्शी है !'

'घर में घुस स्त्री के साथ बलात्कार किया ?'
'घर में घुस स्त्री के साथ बलात्कार किया !'
'लड़की को गाली दी ?'
'लड़की को गाली दी !'
'लड़के को स्कूल से निकाला ?'
'निकाला !'
'कब्र में उतारने के पहले कुछ पूछा ?'
'कब्र में उतारने के पहले
मुझ से पूछा,
'कौन है तेरा ईश्वर ? कौन है प्रवक्ता ?

कौन है उत्तराधिकारी ?'
'तुमने क्या कहा ?'
'मैंने कहा, मैं ही हूँ अपना ईश्वर !
मैं ही हूँ अपना प्रवक्ता !
मैं ही हूँ अपना उत्तराधिकारी !'

20वीं शताब्दी का नीग्रो कवि
जोसेफ अब्रकुआ
18वीं शताब्दी के नीग्रो कवि
जोसेफ अब्रकुआ से पूछता है :
'तुम्हें गोरों से नफ़रत है ?'
'नहीं !'
'काले से प्रेम ?'
'नहीं !'
'तुम्हें काले और गोरे में फर्क नहीं दिखता ?'
'नहीं ! मेरी हत्या के पहले
उन्होंने मेरी आँखें निकाल ली थीं ।
मैं अन्धा हो चुका हूँ ।
गोरे और काले का भेद समाप्त हो चुका है !'

'तुम किसे ढूँढ़ रहे हो ? अपने हत्यारे को ?'
'नहीं !'
'वकील को ?'
'नहीं !'
'अदालत को ?'
'नहीं । मैं किसी को नहीं ढूँढ़ रहा हूँ ।
मैं यात्रा पर निकला हूँ ।
मैं जानना चाहता हूँ, यह कैसी शताब्दी है ?'

'तो सुनो', 20वीं शताब्दी का
जोसेफ अब्रकुआ
18वीं शताब्दी के
जोसेफ अब्रकुआ से कहता है,
'मैं भी मारा जा चुका हूँ ।

फ़र्क यह है
कि मेरी आँखें निकाली नहीं गयीं,
मुझे अब भी दिखता है,
मैं काले और गोरे में भेद कर सकता हूँ।

उन्होंने मुझे भी सड़क पर घसीटा
मेरी भी स्त्री के साथ बलात्कार किया,
लड़का स्कूल से निकाला,
लड़की भगायी।
उन्होंने मुझसे भी कहा,
'तू हब्शी ही पैदा हुआ था,
हब्शी ही मरेगा !'

मुझे गोरों से नफ़रत है,
कालों से प्रेम !
मैं आदमी को स्वर से नहीं
रंग से पहचानता हूँ !
मुझे अपने हत्यारे की तलाश है,
मैं ढूँढ़ रहा हूँ अदालत,
मैं ढूँढ़ रहा हूँ वकील !'

जोसेफ अब्रुकुआ
जोसेफ अब्रुकुआ के कन्धे पर हाथ रख
कहता है,
'खुशनसीब हो तुम ! तुम्हें
अब भी दिखता है,
तुम्हें अब भी उम्मीद है
कि न्याय हो सकता है।
मगर रुको ! पीछे हत्यारे आ रहे हैं।
मैं उन्हें स्वर से पहचानता हूँ।

सुनो,
वे बड़बड़ा रहे हैं 'हमने न्यायाधीश की
हत्या कर दी है। जज अब्रुकुआ

अन्धा था। गोरे और काले में
भेद नहीं करता था!'

जोसेफ अब्रुकुआ पीछे मुड़ देखता,
फिर चीखता है,
'ब्वाय! वे गोरे हैं!'

('जलसाघर' संग्रह से)

बाबर और समरकन्द

बाबर समरकन्द के रास्ते पर है
समरकन्द बाबर के रास्ते पर

बाबर हर थोड़ी दूर पर
पूछता है,
समरकन्द अब कितनी दूर है?
बाबर को कोई जवाब नहीं मिलता।

ऊपर चिलचिलाती हुई धूप है
नीचे धूल है,
बाबर का घोड़ा चलने में मशगूल है।
समरकन्द अब कितनी दूर है?
बाबर चिल्लाता है।
कोई जवाब नहीं—
केवल बाबर का घोड़ा हिनहिनाता है।
बाबर के पहले
बाबर की खबर पहुँच चुकी है,
रास्तों पर भीड़ है,
बाबर भीड़ के बीच से गुज़रता है—
'खुदा के लिए।' बाबर गिड़गिड़ाता है।
'समरकन्द' अब कितनी दूर है?'
बाबर का सवाल
बाबर के पास लौट आता है।

बाबर सिजदे में झुकता है
शहर देख रुकता है,
'समरकन्द ! समरकन्द !' बुर्ज देख
बाबर किलकारी भरता है।
'समरकन्द पीछे रह गया है !'
कहता हुआ शहरयार
बाबर के पास से गुजरता है।

बाबर समरकन्द के रास्ते पर है
समरकन्द बाबर के रास्ते पर।

('जलसाघर' संग्रह से)

ट्रॉय का घोड़ा

पहला बड़ी तेजी से गुजरता है,
दूसरा बगटूट भागता है—
उसे दम मारने की
फुर्सत नहीं,
तीसरा बिजली की तरह गुजर जाता है,
चौथा
सुपरसोनिक स्पीड से !

कहाँ जा रहे हैं, वे ?
क्यों भाग रहे हैं ?
क्या कोई उनका पीछा कर रहा है ?
क्या उनकी ट्रेन छूट रही है ?
मैं अपने बगल के व्यक्ति से पूछता हूँ !

'कहीं नहीं जा रहे हैं, वे',
मेरे पास खड़ा व्यक्ति कहता है,
'वे भाग भी नहीं रहे हैं,
कोई उनका पीछा नहीं कर रहा है

उनकी ट्रेन बहुत पहले छूट चुकी है ।'

'फिर वे क्यों इस तरह गुजर रहे हैं ?'
'क्योंकि उन्हें इसी तरह गुजरना है !'
'कौन हैं, वे ?'
'घोड़े हैं !'
'घोड़े ?'

'हाँ, वे घुड़दौड़ में शामिल हैं ।
पहला दस हजार वर्षों में
यहाँ तक पहुँचा है ।
दूसरा
एथेंस से चला था,
उसे वॉल स्ट्रीट तक पहुँचना है ।
तीसरा
नेपोलियन का घोड़ा है,
एल्प्स पर चढ़ता, फिर
एल्प्स से उतरता है ।
चौथा बाजारू है, जो भी चाहे,
उस पर दाँव लगा सकता है ।'

यह कहकर मेरे पास खड़ा व्यक्ति
घोड़े की तरह हिनहिनाता है,
अपने दो हाथों को
अगले दो पैरों की तरह उठा
हवा में थिरकता
फिर सड़क पर सरपट भागता है ।

चकित मैं दूसरे व्यक्ति से कहता हूँ,
'पागल है !'
'नहीं, वह घोड़ा है ।' तमाशबीन कहता है ।
'वह कहाँ जा रहा है ?'
'उसे पता नहीं ।'
'वह क्यों भाग रहा है ?'

'उसे पता नहीं ।'
'वह क्या चाहता है ?'
'उसे पता नहीं ।'

इतना कह हमसफर
अपने थैले से ज़ीन निकाल
मेरी पीठ पर कसता है !
चीखता हूँ मैं,
जूझता हूँ मैं,
गुत्थमगुत्थ, हाँफता हूँ मैं !

मेरी पीठ पर बैठा सवार
हवा में चाबुक उछाल, मुझसे कहता है—
'इसके पहले कि तुम्हें
शामिल कर दिया जाय दौड़ में,
मैं चाहता हूँ,
तुम खुद से पूछो, तुम कौन हो ?'
'मैं दावे के साथ कह सकता हूँ, मनुष्य हूँ ।'
'नहीं, तुम काठ हो !
तुम्हारे अन्दर दस हजार घोड़े हैं,
सौ हजार सैनिक हैं,
तुम छद्म हो ।

जितनी बार पैदा हुए हो तुम,
उतनी बार मारे गये हो !
तुम अमर नहीं,
इच्छा अमर है, संक्रामक है ।
बोलो, क्या चाहते हो ?' मुझसे
पूछता है, सवार ।

अपने दो हाथों को अगले दो पैरों की तरह
उठा,
पूँछ का गुच्छा हिलाता,
कहे जाता हूँ मैं,
'मैं दस हजार वर्षों तक चलना

चाहता हूँ,
मैं एथेंस से चलकर
वॉल स्ट्रीट तक पहुँचना चाहता हूँ,
मैं एल्प्स पर चढ़ना
फिर एल्प्स से उतरना चाहता हूँ,
मैं, जो चाहे, उसके,
दाँव पर लगना चाहता हूँ।'

उमंग में भरा हुआ मैं, यह भी नहीं पूछता,
अगला पड़ाव
कितनी दूर है ?
है भी, या नहीं है ?

('जलसाघर' संग्रह से)

कलिंग

केवल अशोक लौट रहा है
और सब
कलिंग का पता पूछ रहे हैं

केवल अशोक सिर झुकाये हुए है
और सब
विजेता की तरह चल रहे हैं

केवल अशोक के कानों में चीख
गूँज रही है
और सब
हँसते-हँसते दोहरे हो रहे हैं

केवल अशोक ने शस्त्र रख दिये हैं
केवल अशोक
लड़ रहा था।

('जलसाघर' संग्रह से)

मगध

सुनो भई घुड़सवार, मगध किधर है
मगध से
आया हूँ
मगध
मुझे जाना है

किधर मुड़ूँ
उत्तर के दक्षिण
या पूर्व के पश्चिम
में ?

लो, वह दिखायी पड़ा मगध,
लो, वह अदृश्य—

कल ही तो मगध मैंने
छोड़ा था
कल ही तो कहा था
मगधवासियों ने
मगध मत छोड़ो
मैंने दिया था वचन—
सूर्योदय के पहले
लौट आऊँगा

न मगध है, न मगध
तुम भी तो मगध को ढूँढ रहे हो
बन्धुओ,
यह वह मगध नहीं
तुमने जिसे पढ़ा है
किताबों में,
यह वह मगध है
जिसे तुम
मेरी तरह गँवा
चुके हो।

1979

('मगध' संग्रह से)

काशी में शव

तुमने देखी है काशी ?
जहाँ, जिस रास्ते
जाता है शव—
उसी रास्ते
आता है शव !

शवों का क्या !
शव आयेंगे,
शव जायेंगे—

पूछो तो, किसका है यह शव ?
रोहिताश्व का ?
नहीं, नहीं,
हर शव रोहिताश्व नहीं हो सकता

जो होगा
दूर से पहचाना जायेगा
दूर से नहीं, तो
पास से—
और अगर पास से भी नहीं,
तो वह
रोहिताश्व नहीं हो सकता
और अगर हो भी तो
क्या फ़र्क़ पड़ेगा ?

मित्रो,
तुमने तो देखी है काशी,
जहाँ, जिस रास्ते
जाता है शव
उसी रास्ते
आता है शव !

तुमने सिर्फ़ यही तो किया—
रास्ता दिया
और पूछा—
किसका है यह शव ?

जिस किसी का था,
और किसका नहीं था,
कोई फ़र्क़ पड़ा ?

1984 ('मगध' संग्रह से)

काशी का न्याय

सभा बरख़ास्त हो चुकी
सभासद चलें

जो होना था सो हुआ
अब हम, मुँह क्यों लटकाये हुए हैं ?
क्या कशमकश है ?
किससे डर रहे हैं ?

फ़ैसला हमने नहीं लिया—
सिर हिलाने का मतलब फ़ैसला लेना नहीं होता
हमने तो सोच-विचार तक नहीं किया

बहसियों ने बहस की
हमने क्या किया ?

हमारा क्या दोष ?
न हम सभा बुलाते हैं
न फ़ैसला सुनाते हैं
वर्ष में एक बार

काशी आते हैं—
सिर्फ यह कहने के लिए
कि सभा बुलाने की भी आवश्यकता नहीं
हर व्यक्ति का फैसला
जन्म के पहले हो चुका है।

1984 ('मगध' संग्रह से)

कोसाम्बी

पूछ रही है, वासवदत्ता
कोसाम्बी के
पहले
क्या था ?

वासवदत्ता !

कोसाम्बी के पहले
केवल
कोसाम्बी थी

कोसाम्बी के बाद
केवल
कोसाम्बी है

कोसाम्बी के बदले
केवल
कोसाम्बी
मिल सकती है

कोसाम्बी का पता पूछती
वासवदत्ता
कोसाम्बी तक
पहुँच गयी है।

1979 ('मगध' संग्रह से)

हस्तिनापुर का रिवाज

मैं फिर कहता हूँ
धर्म नहीं रहेगा, तो कुछ नहीं रहेगा—
मगर मेरी
कोई नहीं सुनता !
हस्तिनापुर में सुनने का रिवाज नहीं—

जो सुनते हैं
बहरे हैं या
अनसुनी करने के लिए
नियुक्त किये गये हैं

मैं फिर कहता हूँ
धर्म नहीं रहेगा, तो कुछ नहीं रहेगा—
मगर मेरी
कोई नहीं सुनता

तब सुनो या मत सुनो
हस्तिनापुर के निवासियो ! होशियार !
हस्तिनापुर में
तुम्हारा एक शत्रु पल रहा है, विचार—
और याद रखो
आजकल महामारी की तरह फैल जाता है,
विचार।

1984

('मगध' संग्रह से)

चिल्लाता कपिलवस्तु

महाराज ! लौट चलें—
उज्जयिनी पर शासन की इच्छा,
मेरी समझ में,
व्यर्थ है—

उज्जयिनी
उज्जयिनी नहीं रही—
न न्याय होता है
न अन्याय

जैसे कि,
मगध
मगध नहीं रहा—
सभी हृष्टपुष्ट हैं
कोई नहीं रहा
कृशकाय

किसी में दया नहीं
किसी में
हया नहीं
कोई नहीं सोचता,
जो सोचता है
दोबारा नहीं सोचता।

लगभग यही स्थिति है काशी की—
काशी में
शवों का हिसाब हो रहा है
किसी को
जीवितों के लिए फुर्सत नहीं
जिन्हें है,
उन्हें जीवित और मृत की पहचान नहीं!

मिथिला को लीजिए—
कल की बात है
राज्य करते थे विदेह
उसी मिथिला में
शासन करता है सन्देह
किसी को धर्म का डर नहीं—

विश्वामित्र, वशिष्ठ,
कोई नहीं रहा—
महाराज ! सभी नश्वर हैं
कोई अमर नहीं ।

चलना ही है तो कपिलवस्तु चलिए !
जो जाता है कपिलवस्तु
लौटकर नहीं आता
जो नहीं जाता कपिलवस्तु
जीवन गुजारता है
कपिलवस्तु ! कपिलवस्तु चिल्लाता ।

1984 ('मगध' संग्रह से)

उज्जयिनी

कालिदास ने
जिस गणिका से प्यार
किया था
उज्जयिनी में
कस्तूरी-सी
बसी
हुई थी
क्या सुयोग था
उज्जयिनी थी
कालिदास थे
कस्तूरी थी

कभी-कभी
नक्षत्रयोग से
हो जाता है

अब ये किसको

ढूँढ़
रहे हैं
महाकाल से
पूछ
रहे हैं—
कस्तूरी-सी
बसी हुई थी
जो,
क्या
यह
उसकी नगरी है

कालिदास ने जिस
गणिका से
प्यार किया था
क्या
इस रास्ते से
गुजरी है

रुको, रुको,
यह
किसका
शव है
क्षिप्रा जिसे
बहा
लायी
है ।

1984 ('मगध' संग्रह से)

कोसल गणराज्य

कोसल मेरी कल्पना में एक गणराज्य है
कोसल में प्रजा सुखी नहीं
क्योंकि कोसल सिर्फ कल्पना में गणराज्य है ।

नागरिक
दिन-भर जुआ खेलते हैं
जो जुआ नहीं खेलते
ऊँघते हैं

नागरिक दिन-भर किस्से गढ़ते हैं
जो किस्से नहीं गढ़ते
ऊँघते हैं

नागरिक
दिन-भर खीझते हैं
जो खीझते नहीं
ऊँघते हैं

नागरिक
कोसल के अतीत पर
पुलकित होते हैं
जो पुलकित नहीं होते
ऊँघते हैं

कोसल मेरी कल्पना में गणराज्य है।

1984

('मगध' संग्रह से)

कोसल में विचारों की कमी है

महाराज बधाई हो ! महाराज की जय हो।
युद्ध नहीं हुआ—
लौट गये शत्रु।

वैसे हमारी तैयारी पूरी थी !
चार अक्षौहिणी थीं सेनाएँ,
दस सहस्र अश्व,
लगभग इतने ही हाथी।

कोई कसर न थी !

युद्ध होता भी तो
नतीजा यही होता ।

न उनके पास अस्त्र थे,
न अश्व,
न हाथी,
युद्ध हो भी कैसे सकता था ?
निहत्थे थे वे ।

उनमें से हरेक अकेला था
और हरेक यह कहता था
प्रत्येक अकेला होता है !

जो भी हो,
जय यह आपकी है !
बधाई हो !
राजसूय पूरा हुआ,
आप चक्रवर्ती हुए—

वे सिर्फ़ कुछ प्रश्न छोड़ गये हैं
जैसे कि यह—

कोसल अधिक दिन नहीं टिक सकता,
कोसल में विचारों की कमी है !

1984 ('मगध' संग्रह से)

वसन्तसेना

सीढ़ियाँ चढ़ रही है
वसन्तसेना

अभी तुम न समझोगी
वसन्तसेना
अभी तुम युवा हो

सीढ़ियाँ समाप्त नहीं

होतीं
उन्नति की हों
अथवा
अवनति की

आगमन की हों
या
प्रस्थान की
अथवा
अवसान की
अथवा
अभिमान की

अभी तुम न
समझोगी
वसन्तसेना

न सीढ़ियाँ
चढ़ना
आसान है
न
सीढ़ियाँ
उतरना
जिन सीढ़ियों पर
चढ़ते हैं, हम,
उन्हीं सीढ़ियों से
उतरते हैं, हम

निर्लिप्त हैं सीढ़ियाँ,

कौन चढ़ रहा है
कौन उतर रहा है
चढ़ता उतर रहा
या
उतरता चढ़ रहा है

कितनी चढ़ चुके
कितनी उतरना है

सीढ़ियाँ न गिनती हैं
न सुनती हैं

वसन्तसेना।

1984 ('मगध' संग्रह से)

अम्बपाली

सोयी पड़ी है, वैशाली
जाग रही है
सिर्फ़,
अम्बपाली

अँधेरा है
किसी और दुनिया में
क्रमशः
होता हुआ
सवेरा है

नक्षत्र झरते हैं

वैशाली में लोग
पैदा होते हैं
मरते हैं

सोयी है वैशाली
या
मर गयी है
अम्बपाली

सपने में
डर गयी है

डरो मत अम्बपाली !

1979 ('मगध' संग्रह से)

मित्रों के सवाल

मित्रो,
यह कहना कोई अर्थ नहीं रखता
कि मैं वापस आ रहा हूँ।

सवाल यह है कि तुम कहाँ जा रहे हो ?

मित्रो,
यह कहने का कोई मतलब नहीं
कि मैं समय के साथ चल रहा हूँ।

सवाल यह है कि समय तुम्हें बदल रहा है
या तुम
समय को बदल रहे हो ?

मित्रो,
यह कहना कोई अर्थ नहीं रखता,
कि मैं घर आ पहुँचा।

सवाल यह है
इसके बाद कहाँ जाओगे ?

1984 ('मगध' संग्रह से)

हवन

चाहता तो बच सकता था
मगर कैसे बच सकता था
जो बचेगा
कैसे रचेगा

पहले मैं झुलसा
फिर धधका
चिटखने लगा

कराह सकता था
मगर कैसे कराह सकता था
जो कराहेगा
कैसे निबाहेगा

न यह शहादत थी
न यह उत्सर्ग था
न यह आत्मपीड़न था
न यह सज़ा थी
तब
क्या था यह

किसी के मत्थे मढ़ सकता था
मगर कैसे मढ़ सकता था
जो मढ़ेगा कैसे गढ़ेगा।

1979 ('मगध' संग्रह से)

कृपा है, महाकाल की

आधे रोते हैं, आधे हंसते हैं
दोनों अवन्ती में बसते हैं

कृपा है महाकाल की

आधे मानते हैं, आधा
होना उतना ही
सार्थक है, जितना पूरा होना,

आधों का दावा है, उतना ही
निरर्थक है पूरा
होना, जितना आधा होना

आधे निरुत्तर हैं, आधे बहसते हैं
दोनों अवन्ती में बसते हैं

कृपा है महाकाल की

आधे कहते हैं अवन्ती
उसी तरह आधी है
जिस तरह काशी,

आधे का कहना है
दोनों में रहते हैं
केवल प्रवासी
दोनों तर्कजाल में फँसते हैं
दोनों अवन्ती में बसते हैं

हँसते हैं
काशी के पण्डित अवन्ती के ज्ञान पर
अवन्ती के लोगा काशी के अनुमान पर

कृपा है, महाकाल की ।

1984 ('मगध' संग्रह से)

जड़

चुप क्यों हो, मित्रो ?

क्या हुआ, मगध में ?

महाराज नहीं रहे ?
अथवा महारानी ने पुनः कन्याजन्म दिया ?

क्या फिर हुई, युद्ध की घोषणा ?
क्या फिर निषेधाज्ञा जारी हुई ?

क्या हुआ ?
चुप क्यों हो ?

क्या काम नहीं आया, जहरमोहरा ?
क्या मगध में कोई नहीं रहा ?

कभी-कभी,
मगध को न जाने क्या हो जाता है
सबकुछ सामान्य होने के बावजूद
न कोई बोलता है
न मुँह खोलता है
सिर्फ शकटार
जड़ को छू
पेड़ की कल्पना करता है
सोचकर सिहरता है

मित्रो,
जो सोचेगा
सिहरेगा ।

1984 ('मगध' संग्रह से)

जो युवा था

लौटकर सब आयेंगे
सिर्फ़ वह नहीं
जो युवा था—
युवावस्था लौटकर नहीं आती।

अगर आया भी तो
वही नहीं होगा।

पके बाल, झुर्रियाँ,
ज़रा,
थकान
वह बूढ़ा हो चुका होगा।

रास्ते में
आदमी का बूढ़ा हो जाना
स्वाभाविक है—
रास्ता सुगम हो या दुर्गम

कोई क्यों चाहेगा
बूढ़ा कहलाना?

कोई क्यों अपने
पके बाल
गिनेगा?

कोई क्यों
चेहरे की सलें देख
चाहेगा चौंकना?

कोई क्यों चाहेगा
कोई उससे कहे
आदमी कितनी जल्दी बूढ़ा हो जाता है—
तुम्हीं को लो!

कोई क्यों चाहेगा
कि वह
जरा, मरण और थकान की मिसाल बने।

लौटकर सब आयेंगे
सिर्फ़ वह नहीं
जो युवा था।

1984 ('मगध' संग्रह से)

मणिकर्णिका का डोम

डोम मणिकर्णिका से अक्सर कहता है,
दुःखी मत होओ
मणिकर्णिका,
दुःख तुम्हें शोभा नहीं देता
ऐसे भी श्मशान हैं
जहाँ एक भी शव नहीं आता
आता भी है,
तो गंगा में
        नहलाया नहीं जाता

डोम इसके सिवा कह भी
क्या सकता है,
एक अकेला
डोम ही तो है
मणिकर्णिका में अकेले
रह सकता है

दुःखी मत होओ, मणिकर्णिका,
दुःख मणिकर्णिका के
विधान में नहीं
दुःख उनके माथे है
जो पहुँचाने आते हैं

दु:ख उनके माथे था
जिसे वे छोड़ चले जाते हैं

भाग्यशाली हैं, वे
जो लदकर या लादकर
काशी आते हैं
दु:ख
मणिकर्णिका को सौंप जाते हैं

दु:खी मत होओ
मणिकर्णिका,

दु:ख हमें शोभा नहीं देता

ऐसे भी डोम हैं
शव की बाट जोहते
पथरा जाती हैं जिनकी आँखें,
शव नहीं आता—
इसके सिवा डोम कह भी क्या सकता है !

1984 ('मगध' संग्रह से)

हस्तक्षेप

कोई छींकता तक नहीं
इस डर से
कि मगध की शान्ति
भंग न हो जाय,
मगध को बनाये रखना है, तो,
मगध में शान्ति
रहनी ही चाहिए

मगध है, तो शान्ति है

कोई चीखता तक नहीं
इस डर से
कि मगध की व्यवस्था में
दखल न पड़ जाय
मगध में व्यवस्था रहनी ही चाहिए

मगध में न रही
तो कहाँ रहेगी ?

क्या कहेंगे लोग ?

लोगों का क्या ?
लोग तो यह भी कहते हैं
मगध अब कहने को मगध है,
रहने को नहीं

कोई टोंकता तक नहीं
इस डर से
कि मगध में
टोंकने का रिवाज न बन जाय

एक बार शुरू होने पर
कहीं नहीं रुकता हस्तक्षेप—

वैसे तो मगधनिवासियो
कितना भी कतराओ
तुम बच नहीं सकते हस्तक्षेप से—

जब कोई नहीं करता
तब नगर के बीच से गुजरता हुआ
मुर्दा
यह प्रश्न कर हस्तक्षेप करता है—
मनुष्य क्यों मरता है ?

1984 ('मगध' संग्रह से)

तीसरा रास्ता

मगध में शोर है कि मगध में शासक नहीं रहे
जो थे
वे मदिरा, प्रमाद और आलस्य के कारण
इस लायक
        नहीं रहे
कि उन्हें हम
        मगध का शासक कह सकें

लगभग यही शोर है
            अवन्ती में
यही कोसल में
            यही
            विदर्भ में
कि शासक नहीं
            रहे

जो थे
उन्हें मदिरा, प्रमाद और आलस्य ने
इस
        लायक नहीं
        रखा
कि उन्हें हम अपना शासक कह सकें
तब हम क्या करें ?

शासक नहीं होंगे
                तो कानून नहीं होगा

कानून नहीं होगा
                तो व्यवस्था नहीं होगी

व्यवस्था नहीं होगी
                तो धर्म नहीं होगा

धर्म नहीं होगा
तो समाज नहीं होगा

समाज नहीं होगा
तो व्यक्ति नहीं होगा

व्यक्ति नहीं होगा
तो हम नहीं होंगे

हम क्या करें ?

क़ानून को तोड़ दें ?

धर्म को छोड़ दें ?

व्यवस्था को भंग करें ?

मित्रो—
दो ही
रास्ते हैं :
दुर्नीति पर चलें
नीति पर बहस
बनाये रखें
दुराचरण करें
सदाचार की
चर्चा चलाये रखें

असत्य कहें,
असत्य करें
असत्य जिएँ—
सत्य के लिए
मर-मिटने की आन नहीं छोड़ें

अन्त में,
प्राण तो

सभी छोड़ते हैं
व्यर्थ के लिए
हम
प्राण नहीं छोड़ें

मित्रो,
तीसरा रास्ता भी
है—

मगर वह
मगध
अवन्ती
कोसल
या
विदर्भ
होकर नहीं
जाता।

1984

('मगध' संग्रह से)

रोहिताश्व

जब भी मणिकर्णिका जाओगे
एक वृद्ध को
कोने में दुबका हुआ पाओगे।

तुम्हें देख
उसकी आँखों में
कुछ
कौंधेगा—

वह
रोहिताश्व, रोहिताश्व

बिसूरता
तुमसे लिपट जायेगा।

तब क्या करोगे ?

यही न :
"मैं रोहिताश्व नहीं हूँ
मैं सचमुच
रोहिताश्व
नहीं हूँ।"

मगर तुम उस वृद्ध को
कैसे
विश्वास दिलाओगे
कि तुम
रोहिताश्व नहीं हो।

तुम पर उसकी पकड़
और भी कड़ी होगी,
वह कड़केगा :
"तुम्हीं हो रोहिताश्व !"

जिसका रोहिताश्व
मारा गया हो,
क्या तुम उसे
विश्वास दिला सकते हो
कि तुम
रोहिताश्व नहीं हो ?

1984

('मगध' संग्रह से)

दीवार पर नाम

जब मैं किशोर था
जहाँ भी मिली
कोई कोरी दीवार

खड़िया से
लिख देता
मैं अपना नाम

दूसरे दिन पाता
मिटा दिया किसी ने
इस तरह
जैसे लिखा ही न था

तब मैं कड़कता
कौन ?
उत्तर मिलता—
सोमदत्त

मैं
बूढ़ा हो चुका हूँ
जब भी मिलती है
कोई कोरी दीवार
खड़िया से
लिख देता हूँ
अपना नाम
दूसरे दिन पाता हूँ
मिटा दिया किसी ने
इस तरह
जैसे लिखा ही न था

अब जब कड़कता हूँ
कौन ?
उत्तर मिलता है—
काल।

1984 ('मगध' संग्रह से)

०००